双循环视角下
内外贸一体化
实践浙江模式

王婧　张海燕　张若洲　著

江苏人民出版社

图书在版编目（CIP）数据

双循环视角下内外贸一体化实践浙江模式／王婧，
张海燕，张若洲著． —— 南京 ：江苏人民出版社，
2022.12
ISBN 978-7-214-27827-2

Ⅰ．①双… Ⅱ．①王… ②张… ③张… Ⅲ．①外贸企
业－企业发展－研究－浙江 Ⅳ．①F279.23

中国国家版本馆CIP数据核字（2023） 第003527号

书　　　名	双循环视角下内外贸一体化实践浙江模式
著　　　者	王　婧　张海燕　张若洲
责 任 编 辑	鲁从阳
装 帧 设 计	曼　玲
责 任 校 对	王翔宇
出 版 发 行	江苏人民出版社
地　　　址	南京市湖南路1号A楼，邮编：210009
印　　　刷	文畅阁印刷有限公司
开　　　本	710 mm×1 000 mm 1/16
印　　　张	12
字　　　数	20万字
版　　　次	2024年6月第1版
印　　　次	2024年6月第1次印刷
标 准 书 号	ISBN 978-7-214-27827-2
定　　　价	68.00元

（江苏人民出版社图书凡印装错误可向承印厂调换）

前言

内外贸一体化是一个不断演进的概念。2003 年，我国开展国务院机构改革，撤销外经贸部和国家经贸委，设立商务部，统管国内外贸易和国际经济合作。同年，十六届三中全会通过《中共中央关于完善社会主义市场经济体制若干问题的决定》，提出"加快内外贸一体化进程"。这是我国首次推进内外贸一体化改革，重在把握入世给中国带来的发展机遇。第二次内外贸一体化改革出现在 2014 年。当时，内外市场出现"质量高差"现象，即部分产品的国内标准低于国际标准。针对这一现象，国家提出国内产品标准向国际看齐，实现"同线同标同质"。"三同"概念的提出重在提升国内产品标准，把握国内消费升级带来的机遇。2020 年，我国推出了第三次内外贸一体化改革集中行动，不同于第一次内外贸一体化改革的管理体制调整，也不同于第二次内外贸一体化改革的标准体系对接，第三次内外贸一体化改革发生在构建"国内国际双循环新发展格局"背景下，是一次融管理体制、市场环境、运行机制改革为一体的集成性改革。此次内外贸一体化改革分阶段推进，最终通过完善优化国内市场体系与贸易管理体系建设，实现产品"三同"、企业顺滑切换、市场无缝对接的改革目的。

在世界经历百年未有之大变局的历史时刻，推进内外贸一体化改革，其实质是为构建国内国际双循环新发展格局优化市场环境、提升主体能力、改进管理体系。2020 年 5 月，中央政治局常务委员会议首次提出"国内国际双循环新发展格局"。同年 7 月，习近平总书记指出，"要集中力量办好自己的事，充分发挥国内超大规模市场优势，逐步形成以国内大循环为主体、国内国际双循环相互促进的新发展格局"。随后，多次政府会议及相关文件对"双循环"概念作出进一步阐释。党的二十大报告再次论述，"坚持高水平对外开放，加快构建以国内大循环为主体、国内国际双循环相互促进的新发展格局"。[1] 因此，内外贸一体化是新形势下我国商贸流通领域的集成性改革，是构建国内国际双循环新发展格局的重要支撑，是实现我国高水平对外开放的必由之路。

1.https://www.thepaper.cn/newsDetail_forward_20792011

本书聚焦双循环视角下内外贸一体化的理论探索与浙江实践。全书共分五章，第一章重点梳理了我国内外贸一体化改革的发展背景、建设意义，从马克思主义经济循环观、比较优势理论、地理邻近性理论、产业国际分工理论和发展经济学理论五条脉络梳理内外贸一体化的理论基础。在此基础上，针对第三次内外贸一体化改革集中行动，本书进一步阐述了 1.0 出口转内销阶段、2.0 企业能力提升阶段与 3.0 市场体系与管理体系构建阶段的特点与重点任务。在第一章的总结阶段，本书将内外贸一体化置于双循环背景下，梳理了双循环与内外贸一体化的内在逻辑，又结合经济发展与改革需要，对双循环视角下的内外贸一体化内涵和建设目标进行了阐示。本书第二至第四章则围绕浙江实践展开。第二章聚焦内外贸一体化治理，对浙江省地市政府及各相关政府部门在内外贸一体化改革进程中的创新举措进行了梳理，从政策视角解读浙江内外贸一体化治理的特色与重点。第三、第四章则紧紧围绕企业主体展开。第三章侧重归纳总结了企业主体在实践内外贸一体化过程中的主要困惑与需求。企业面临的制约因素主要来自产品、企业能力和市场营商环境三个维度，鉴于此，本轮推进内外贸一体化改革的发展需求体现在构建支撑内外贸一体化国内大市场体系、数字化支撑体系、产品体系、标准体系、企业运营体系、供应链生态体系和政府治理体系上。本书第四章重点总结了目前浙江企业层面在推进内外贸一体化改革方面的五种模式创新，包括品牌驱动模式、渠道驱动模式、平台驱动模式、服务驱动模式及研发驱动模式，并分享了具体企业的改革实践案例。本书第五章对推进构建双循环新发展格局下的内外贸一体化改革提出了有针对性的对策建议，并搭建了内外贸一体化指标体系，为评估改革绩效提供了测度工具。

内外贸一体化从贸易流通领域切入，面向国内国际两个市场，推进持续优化营商环境、不断提升主体能力、系统完善管理体系等核心改革任务，为实现以国内大循环为主体，国内国际双循环相互促进的新发展格局提供源源不断的改革动力，充分发挥我国国内统一大市场的巨大吸引力，为我国企业在国内国际两个市场上更好发展提供支撑，提升企业主体国内国际竞争优势，聚而形成我国高水平对外开放的坚实基础。

目录

第五章　内外贸一体化发展对策建议

第一章

双循环视角下内外贸一体化的理解

一、内外贸一体化发展背景

2020 年底全国商务工作会议强调，要促进内外贸一体化，建设高水平开放平台。2021 年 3 月《中华人民共和国国民经济和社会发展第十四个五年规划和 2035 年远景目标纲要》提出，要完善内外贸一体化调控体系，促进内外贸法律法规、监管体制、经营资质、质量标准、检验检疫、认证认可等相衔接，推进同线同标同质。2022 年 1 月 19 日，发布《国务院办公厅关于促进内外贸一体化发展的意见》（国办发〔2021〕59 号）认为推进内外贸一体化有利于形成强大国内市场，有利于畅通国内国际双循环。党的二十大报告也明确要求"把实施扩大内需战略同深化供给侧结构性改革有机结合起来，增强国内大循环内生动力和可靠性，提升国际循环质量和水平"。推动内外贸一体化发展，是推动实施扩大内需战略，促进相关产业加快提质升级，优化供需结构，服务构建新发展格局的重要举措。浙江作为内外贸一体化试点地区，展开调研、梳理问题、推出举措、积极先行先试，加快培育一批内外贸一体化经营企业，为全国推进内外贸一体化工作提供了浙江经验，为促进内外贸融合发展发挥示范带动作用。

（一）严峻的外部环境加剧全球价值链体系风险

全球经济体系正在经历一场转型，从传统的集中化生产模式下以加工制造和出口为主的经济增长模式，向以数字化、智能化、服务化和可持续发展为核心的全球价值链体系转变。在这个背景下，我国的内外贸一体化发展面临着一系列全球价值链体系风险，实施双循环战略成为必然选择。

首先，新冠肺炎疫情席卷全球，导致国际物流严重受阻，世界贸易大幅萎缩，全球经济和贸易发展陷入衰退，国际市场需求萎靡不振，经济形势复杂严峻，中国外贸发展障碍重重。我国实施的以国际大循环为主的出口导向型战略面临困难。

其次，近年来以中国为代表的新兴经济体逐步深度参与全球事务处理和贸易规则制定，传统的世界格局受到冲击，新的世界格局正在逐步形成，以美国为首的西方发达国家为维护其霸主地位，通过中美贸易战等方式全方位打压中国，呈现经济逆全球化趋势加剧、保护主义及单边主义抬头等形势。为了降低国家安全风险，需要进一步在经济、科技、安全等领域加强自主研发、技术引进和知识产权保护。

最后，俄乌战争引发的国际地缘政治与安全冲突加剧，以中间品跨境贸易为核心的全球价值链承受前所未有的挑战，可能对中国的全球化战略、国际市场开拓和经济多元化发展造成不利影响，需要加强风险防范和应对能力。随着全球化的发展，越来越多的企业开始通过布局跨国价值链来优化生产和加工过程，并在全球范围内寻找更具成本竞争力和质量控制能力的供应商和厂商。然而，在全球供应链的层层交织中，一个环节的失衡或崩溃可能导致整个价值链断裂。全球价值链前向的中间品供给侧和后向的中间品需求侧在疫情下"断链"风险加剧。从供给侧看，货物中间品进口速度和频度受到境外上游供应链"断供"影响，导致下游货物部门生产短期内"供血不足"，部分行业面临产能失速风险。从需求侧来看，因国外企业倒闭等原因引起的国外需求下降和结构性改变，使我国货物贸易持续增长面临更大困难。此外，全球价值链前向和后向联系的"断供"和"断需"可能引发同频共振，对我国参与全球价值链构成挑战。

（二）外贸依存度高带来的经济风险要求内外贸一体化发展

2020 年 7 月召开的中共中央政治局会议明确指出，"必须把新发展理念贯穿发展全过程和各领域，实现更高质量、更有效率、更加公平、更可持续、更为安全的发展。必须坚定不移推进改革，继续扩大开放，持续增强发展动力和活力。必须加强前瞻性思考、全局性谋划、战略性布局、整体性推进，实现发展规模、速度、质量、结构、效益、安全相统一"。会议在对"十四五"规划指导思想和发展理念的表述中多次提到"安全"。长期以来，在中国发展规划的指导思想中均强调发展是第一要务，本次会议提出"十四五"时期要"坚持新发展理念，统筹发展与安全"，这是一个重大变化，标志着中国已经将"安全"提高到非常重要的高度。同时，在发展理念中也首次提到了"安全"，强调"安全与发展相统一"，双循环是从国家安全的高度提出的总揽全局的战略，国内经济大循环只有在保障安全的前提下才能实现顺利运行。

中国经济已经由高速增长阶段转向高质量发展阶段，国内贸易平稳发展。据统计局数据显示：前三季度我国外贸出口总额增长 3.3%，实物出口增长 2.2%。增速有所放缓，整体的外贸质量和效益仍然保持相对稳定。2021 年社会消费品零售总额约为 41.2 万亿元，2022 年预估值为 47.7 万亿元，增长率预计为 8.5%，而 2021 年这一数字为 4.6%。2021 年全国网上零售额为 9.8 万亿元，2022 年预估值为 12.2 万亿元。2022 年前三个季度，我国固定资产投资增速同比增长 8.2%，高于前年同期。这表明，我国在挖掘潜力、提高投资效率、促进创新等方面的努力取得了积极的成果。内需是经济防火墙，走双循环之路，实现内外贸一体化发展，将经济增长与国内需求联系起来才能确保自身在全球价值链中的地位。

2011 年以来，虽然我国外贸依存度总体呈现下滑趋势，但绝对数字还相对较高。而反观另外三大经济体，美国与日本外贸依存度变化较平稳，基本围绕着 30% 上下波动，欧盟的外贸依存度则一直在 30%-40% 之间。与其他大国相比，我国对外贸易依存度还非常高，且一些产业的关键核心技术仍严重依赖美国等发达国家。外贸依存度高客观上要求我国推行内外贸一体化的发展政策，以国内大循环为主体，兼顾国内和国外，做到两个市场，国内国际双循环相互促进，构建起安全的产业链供应链，进而实现国家经济安全和经济稳定健康发展。

（三）长期重外轻内形成对内开放不足倒逼内外贸一体化改革

双循环新发展格局下的内外贸一体化建设的关键症结在于经济结构内外失衡。其形成原因是改革开放以来，中国一直高度重视对外贸易发展，从最初依靠对外出口来改善外汇短缺窘境，到后来国内企业通过大规模出口盈利体现自身实力、实现自身价值，对外贸易增长一直是各级政府和企业追求的重要目标。

地方政府对内外贸的管理一直存在"两张皮"的问题，政府对内贸的重视程度明显弱于外贸，无论是从扶持政策、环境建设，还是政府的考核导向、地方官员出政绩的实际需求来看，内贸的待遇明显落后于外贸，地方政府显然更重视外贸绩效，扩大出口依然是地方政府重视的重要工作内容。各级政府逐渐形成的重外贸轻内贸的惯性思维，严重影响到内外贸一体化发展。此外，与西方发达国家完善的市场经济体系相比，中国市场经济体制建立时日尚短，在政府重外轻内的出口导向型发展模式和政策导向下，一方面外贸发展有充分的激励环境，另一方面发展内贸需要深化改革，必然触及许多深层次问题，如流通体系规划与建设用地对地方政府用地规划和科学使用有着较高要求，一些地方政府不愿意去触及，且内贸发展还有很多缺失需要补全，如各区域政府间的协作，对不利于形成统一大市场的政策障碍进行清理等，最终导致中国对内开放不足。

解决这一堵点的基本思路在于坚持以供给侧结构性改革为主线，实施以国内为主导的经济全球化内外贸一体化发展。贯彻习近平总书记在科学家座谈会上讲话中指出的"推动国内大循环，必须坚持供给侧结构性改革这一主线，提高供给体系质量和水平，以新供给创造新需求，科技创新是关键。畅通国内国际双循环，也需要科技实力，保障产业链供应链安全稳定"。以本国为主场，将超大规模市场优势与新型举国体制的制度优势有机结合，推动需求导向和问题导向下的创新驱动型发展，以供给侧产业链创新作为突破口。由于供给没有及时跟上消费的步伐，市场上消费和供给不匹配，国内消费潜力得不到充分释放。所以，我国消费水平和品质还有很大提升空间，蕴含着巨大的增长潜力。只有实行供给侧结构性改革和推行内外贸一体化发展，紧密对接供需两侧，顺应消费升级趋势，助力产业升级，提高产品的质量，推进国内产品升级和与外贸同标同质，构建更有韧性的供需格局，才能更好满足国内的消费需求，增强消费对经济发展的基础性推进作用，形成高质量双循环下的内外贸一体化格局。从这一角度说，对内开放不足也是内外贸一体化新格局构建的一个动因，国内统一大市场改革的需求必将刺激内外贸一体化发展。

二、内外贸一体化建设意义

（一）推动我国向贸易强国发展

现阶段，在我国经济水平不断提升的推动下，贸易领域获得了长足的发展和进步，并逐步成为全球公认的贸易大国。虽然如此，我国的整体贸易水平仍然与贸易强国之间有一定的差距，而通过加快内外贸市场一体化的发展进程，可使现有的贸易方式得到巨大转变，内外贸一体化现已成为我国从贸易大国向贸易强国发展的必要条件。

通过对一些贸易强国进行研究后发现，他们存在两个共同点，一是都有坚实的国内市场基础，并不断向国际市场拓展，进而将两个市场逐步统一起来，实现内外贸市场一体化，这样除了能够使交易成本有所降低之外，还能使流通效率得以提升，两个市场及其中的资源均能得到充分利用，不但有利于推动产业链的整合，而且还能使外贸结构不合理以及出口商品附加值较低的问题得到解决。二是有高效的市场传导机制。只有国内外市场高效联通，市场主体成熟、供给质量优质、供给渠道高效，形成供需互促、产销并进、市场带动劳动生产率提高的良性互动机制，才能扩大市场规模容量，发挥市场促进竞争、深化分工的优势，最终促进贸易高质量发展。因此，立足超大规模市场优势，顺应国内外需求特别是国内需求变化的新要求，加快形成供求相互适配相互促进、创新驱动强劲、供应链衔接紧密、国内国际市场高效连通和一体化的强大市场功能，实现内外贸领域国内国际双循环的互动发展，是形成国际竞争新优势的关键环节。

（二）实现国内经济稳定增长

贸易在拉动经济增长方面有着不可替代的作用，通过内外贸一体化的发展，可在现有的基础上，使内需不断扩大，有助于促进消费和改善民生，正因如此，使其成为实现国内经济稳定、持续发展的重要途径之一。在内外贸一体化发展的带动下，可以将大量的外贸企业引入到国内市场当中，外贸商品在国内市场中的销售种类会随之增多，有助于新消费热点的培育，加快建设全国统一大市场，内贸领域提高政策统一性、规则一致性、执行协同性，形成更加完备的标准、制度、规则、治理等体系，破除各种封闭小市场，有利于推动内贸领域高效畅通和规模拓展，形成供需互促、产销并进、畅通高效的国内统一大市场，使消费需求在现有的基础上进一步扩大。更好地发挥中国国内产业门类齐全、市场空间巨大、人才资源雄厚、企业技术创新欲望强烈的发展优势，不断推动国内产业和技术水平的进步与提高，进一步挖掘国内产业链供应链的发展潜力，逐步构建以我国为主的高技术含量的产业链供应链，促使外国企业逐步融入中国的产业链供应链中，形成国内产业链供应链与国际产业链供应链的高度融合，进而引领国际经济大循环，真正实现以国内经济大循环为主体带动国际经济大循环，国际经济大循环反向促进国内经济发展的新格局。在这样的前提下，国内经济必将获得稳定增长，为国民经济提质增效提供强大支撑的同时也有利于吸引全球要素和资源，更好对接全球市场。

（三）形成新型国际经济合作方式

在国内与国际经济发生巨大变化的背景下，通过内外贸一体化可以为内外两大市场的互动搭建起一个平台，由此不但可以促使两种贸易和两个市场之间的互通，进而形成新的贸易增长点而且还能推动我国产业结构的优化调整，使制造业与服务业实现联动，不断提升两大产业的水准，将过剩的制造业产能逐步转移到服务业当中，为新型国际经济合作方式的形成提供条件。此外，在内外贸一体化的推动下，可以使内贸商品的质量优势与外贸企业的渠道优势有机结合到一起，更好地发挥促进生产和消费双升级的支撑带动作用，有助于加快国际贸易市场的开拓进程，加快内贸企业走向国际的脚步。

同时，内外贸一体化战略并非只考虑中国本身，而是要通过全力推进国内经济大循环、扩大消费、打造庞大消费市场的同时，积极主动扩大进口规模，打破区域之间的贸易壁垒，使得国际贸易更加便利，促进全球贸易的自由化程度的加深，拓展市场和加强贸易伙伴之间的联系，为全球经济复苏提供有力支撑和强大牵引力。内外贸一体化可以为世界经济的未来规划和发展提供新的思路和方案，并促进不同国家和地区在全球经济中的地位和影响力的提升，从而推动国际合作更加平等和高效。

（四）提高内外贸企业的核心竞争力

在内外贸市场一体化发展的推动下，内贸企业和外贸企业在经营范围及相关经济活动的限制将会被取消，这样一来势必会使内外贸企业的业务空间得到扩展，有效规避了单一的经营方式和市场单一所带来的经营风险，为企业实现经济效益的不断增长创造了有利条件，对于内贸企业的稳定、持续发展具有重要的现实意义。同时，内外贸一体化实行后，可以促进企业在技术和管理方面进行交流和学习，汲取优秀经验和技术，提升企业的研发实力、生产能力和管理水平，外贸企业可以利用统一的国际和国内市场，在全世界范围内，对各种资源进行整合，实现采购、销售、物流配送等环节的统一，对内外贸的优势进行融合，优化企业的供应链和物流体系，提高企业产品和服务的质量和规范化水平，借此来提升企业的国际竞争力。此外，内外贸一体化可以提高企业的国际形象和声誉，增强企业的品牌价值和市场竞争力，从而提高企业的核心竞争力。

（五）把握新一轮技术革命机遇

当前新一轮科技革命和产业变革深入推进，给生产生活方式和全球贸易方式带来革命性、颠覆式变革。特别是人工智能、大数据、物联网、5G、新材料技术、新能源技术、空间技术和海洋技术等正受到越来越多国家的重视，西方发达国家都在试图抢占未来技术及其产业的战略制高点，如果出现战略判断失误，贻误此次技术革命的良机，将可能再次被远远地抛在发达国家之后。因此，在双循环战略下实施内外贸一体化是中国应对复杂多变的国际形势挑战，保持经济可持续发展，满足国内需求，占据新技术革命制高点的必由之路。

新一代信息技术，已经在向国内外贸易各行业各领域各环境加快渗透，正在打破传统内外贸的界限和阻隔，推动新贸易方式、新型贸易平台及新型供应链体系加快发展，为内外贸实现一体化创新发展、带动引领上下游协同创新，创造了前所未有的手段和机遇。同时，浙江为巩固传统贸易的基础优势和数字贸易的先发优势，以贸易数字化转型为主线，围绕新模式、新业态打造云服务、数字内容、数字服务、跨境电商等优势领域，充分释放数字经济新动能，领跑全球贸易创新和商业模式创新，推动数字贸易国际化发展，形成与国际接轨的高水平数字贸易开放体系，构建国内国际双循环战略枢纽。推动内外贸一体化发展，是抢抓新技术革命机遇，实现国内国际双循环高效联通和相互促进的时代要求。

双循环战略对推动世界经济发展的重要意义从双循环战略的提出可以看到，这一战略并非只是为中国自身的发展而制定的，通过发展国内经济，不断扩大国内市场需求，为世界各国提供了一个潜力巨大的市场，有助于当前深度衰退的世界经济重新恢复增长，因此，对世界经济的发展同样具有重要意义。

三、内外贸一体化理论基础

内外贸一体化是指国内和国际贸易相互交织，构成一个整体经济体系，通过优化生产和贸易布局来提高全球范围内的生产效率和贸易效率，实现国际经济的互相依赖和繁荣发展，其理论基础包括以下。

（一）马克思主义经济循环观

依照马克思主义经济理论基本解释，经济的循环运行包含了生产、分配、交换和消费四个环节，并进一步简化为生产、流通和消费三个阶段，商品生产在货币资本的推动下，通过货币资本投资之后形成生产资本，随后由生产资本在劳动的加持下完成生产过程，转化为商品资本，商品资本经过流通形成增值的货币资本。生产与流通是不能相互割裂开的，二者彼此既相对独立又相互连接，商品生产的价值在循环中得到补偿和转移，实现生产规模在重复循环中持续扩张和价值不断增值，从而使得资本增值。"资本完成它的循环的全部时间，等于生产时间和流通时间之和。"因此加速资本增值的关键就是提高生产效率和流通效率。流通时间分为出售和购买两个时间段，产生相应流通费用，包括纯粹的流通费用（如买卖时间、簿记、货币）、保管费用（如储备、仓储）、运输费用等，各种费用都可以内化为这三部分。在开放型经济体系下，一个国家的经济循环就不是自我循环，而是与国际的经济体发生联系，出现国内经济与国际经济各自循环和交叉循环。在马克思经济理论中，根据当时经济全球化的特点，着重阐述了资本主义国家之间经济循环关系。依照这个循环逻辑梳理，在经济基础层面，实现国民经济循环既要保持生产内部的畅通循环， 也要保持生产与流通之间的畅通循环，更要保持国内经济与国际经济之间畅通循环。在经济基础层面之上，经济建设与社会建设，经济建设与生态建设，经济内部的各个产业、部门、环节、区域之间都存在着相互依存、相互作用的关系，其中任何一个关系出现破裂都会影响到其他关系的循环。

（二）比较优势理论

比较优势理论最初由英国经济学家李嘉图提出，其核心理念是国家在生产某种商品时，只有比其他国家具有更大的优势，才应该生产这种商品，而对其他商品的生产应该放弃。这样，不同国家在各自的比较优势领域内专业化生产，然后通过国际贸易进一步完善生产流程，增加国际贸易的效率，从而实现国际经济的一体化。

比较优势理论的核心理念是资源的优化配置和有效利用，使得各个国家根据自身的资源禀赋，专业化生产某些商品或服务，提高生产效率，通过国际贸易增加收入。自由贸易、开放和一体化有助于充分利用各国的比较优势，提高全球资源的合理配置和流动性，促进国际经济的健康稳步发展。

（三）地理邻近性理论

地理邻近性理论认为，地理邻近性是促进贸易和经济一体化的重要因素。不同国家之间距离的远近和相对位置差异，直接影响其经济贸易活动的强弱和程度。因此，研究地理邻近性，认知不同经济体的经济联系和交往模式，是推动贸易自由化、开放和一体化的重要基础。

地理邻近性理论认为，邻近地区内的贸易关系更加紧密，贸易往来更加便利。因此，随着地球变得更小，不同国家之间的距离被迅速缩短，推动贸易自由化、开放和一体化有利于地区经济的发展。地理邻近性和贸易联系直接反映了国家之间的经济交往程度和合作潜力，同时，它也是影响国际贸易和一体化的重要因素。

（四）产业国际分工理论

产业国际分工理论认为，不同国家之间通过相互合作，在某些商品或服务上实现专业化、优化生产，然后将其出口到其他国家，达成生产优化的目的，进而实现国际经济的一体化。这一理论也说明了贸易自由化、开放和一体化的重要性。

产业国际分工利用产业分工、规模效应等经济原理，促进经济的发展。通过利用技术和产业链的深度结合，商品和服务的生产及交换成为全球的合作体系，地域性和国家性障碍得到缓解，贸易自由化的形成使得国际生产和贸易活动更加集中和优化，进一步实现国际经济的一体化。

（五）发展经济学理论

发展经济学理论认为，贸易和一体化可以促进国际合作，进而促进国家发展和贫困减缓。加强贸易合作和一体化，可以增加贫困国家的出口和就业机会，改善其基础设施和社会福利水平，提高国家整体综合实力和影响力。

贸易自由化和一体化有助于促进全球资源的合理配置和流动性，推动国际生产和贸易活动的集中，增加国际间的合作方式和模式，减少国家间的贫富差距，实现共赢合作。同时，发展经济学理论也指出，不同国家的发展水平、福利权益和整体实力差异也是影响贸易和一体化的重要因素。

总的来说，内外贸一体化是全球经济的必然趋势，贸易自由化、开放和一体化成为当前世界各国政策实施的重要抉择。马克思主义经济循环观、比较优势理论、地理邻近性理论、产业国际分工理论和发展经济学理论是内外贸一体化的理论基础，反映了不同的经济学思想和理念，共同推进了整个国际经济一体化的过程。

四、新时期内外贸一体化发展阶段

入世以来，我国推进内外贸一体化改革的集中行动先后共有三次。第一次：2003 年 3 月，第十届全国人民代表大会第一次会议通过了国务院机构改革方案，决定撤销外经贸部和国家经贸委，设立商务部，主管国内外贸易和国际经济合作；10 月，十六届三中全会通过《中共中央关于完善社会主义市场经济体制若干问题的决定》提出"加快内外贸一体化进程"，各地市也随之推进了贸易管理体制改革，这为推动内外贸一体化提供了机制、体制保障，旨在把握入世给中国带来的发展机遇开拓国际市场。第二次：2014 年，针对部分产品的国内标准低于国际标准，导致内外市场存在一定程度的"质量高差"等问题，国家提出国内产品标准向国际看齐，实现"同线同标同质"。此次强调内外贸一体化重在提升国内产品标准，把握国内消费升级带来的机遇。第三次：2020 年，受新冠肺炎疫情等影响，国际形势更加错综复杂，面对世界百年未有之大变局，我国提出构建以国内大市场为主体、国内国际双循环互相促进的新发展格局，国家"十四五"规划纲要等文件中明确提出要推动内外贸一体化。新一轮内外贸一体化改革使命与重点不同以往，具体而言，新一轮内外贸一体化 1.0 阶段重在实现出口转内销，2.0 阶段则强调提升企业在国内国际市场的竞争能力，3.0 阶段进一步完善优化国内市场体系与贸易管理体系建设，实现产品"三同"、企业顺滑切换、市场无缝对接的改革目的。

（一）内外贸一体化 1.0 阶段：出口转内销

内外贸一体化 1.0 阶段重在清库存、保主体、推动出口转内销。2020 年初，受新冠疫情冲击，外贸企业订单急剧下降，出于保市场主体的考虑，中央、省市纷纷出口"六保"措施，以推进产品"同线同标同质"为抓手，帮助外贸企业开拓国内市场，实现产品"出口转内销"。这一阶段，国家先后出台《关于支持出口产品转内销的实施意见》《关于推进对外贸易创新发展的实施意见》等政策，浙江省也配套出台了《关于推动外贸企业开拓国内市场的若干意见》

《关于支持外贸企业参与政府采购助推外贸产品出口转内销有关事项的通知》等政策措施，并实施"浙货行天下"等行动。

（二）内外贸一体化2.0阶段：企业能力提升

进入内外贸一体化2.0阶段，伴随政府部门、企业等对新发展格局构建过程中内外贸一体化作用的理解日益深入，全面提升企业在国内国际市场的竞争能力成为核心任务。主要体现在三个方面：

首先，企业开拓国际市场"走得出"。企业有能力坚守并持续开拓国际市场，不断增强在生产、技术、设计、品牌、渠道、管理等方面的竞争优势，面向国际大市场，在全球供应链中寻求合适位置并谋求不断攀升，推动浙江省出口规模不断扩大，浙货影响力不断提升。

其次，企业面临国际重大风险"回得来"。在全球化发展遭遇阻力，国际贸易摩擦升级的情况下，企业具备风险平衡对冲能力，既能在国际市场上收获订单，也能转向国内市场更好满足国内消费升级的需求，实现"两条腿走路"。

最后，企业升级发展"做得主"。企业掌握国内国际贸易规则，开展内外贸产购销一体化的内部管理升级，综合竞争优势进一步提升，形成一批全球化供应链"链主"企业，带动本土相关产业发展，构建更符合国家利益的自主自立、安全可控的现代供应链体系。

（三）内外贸一体化3.0阶段：市场体系与管理体系建立

内外贸一体化3.0阶段是一项中长期工程，以形成内外贸统一大市场为目标，是对标高水平开放的市场体系与管理体系的深度变革。这一阶段以构建内外贸一体化的管理体系、法律法规体系与监管体系为建设重点，完善内外贸一体化的政策支撑体系、公共服务支撑体系和信息化调控体系，实现内外贸市场管理一体化，形成安全高效的中国特色社会主义市场经济循环运行体系。主要包括以下三方面特征：

首先，市场制度完善，市场规范性、透明度高。国内外贸易商品生产、交付、结算、运输、财税等管理制度统一，法律法规、监管体系及市场规则实现内外贸一体化。

其次，市场环境良好，贸易自由化、便利化程度高。内外贸一体化的政策支撑体系、公共服务体系和数字化调控体系较为完善，营商环境优越，要素和商品能自由流动，资源配置效率高。

最后，市场生态丰富，构建数字贸易市场体系。发挥数字贸易优势，逐步打破市场分割，构建数字贸易市场体系，商贸流通企业"走出去"步伐加快，培育具有有全球影响力的商贸流通品牌企业，引领内外贸一体化及高水平开放。

图1-1　内外贸一体化发展阶段

五、双循环视角下内外贸一体化的内涵

（一）双循环内涵

"双循环"是以国内大循环为主体，国内国际双循环相互促进的新发展格局。是以习近平同志为核心的党中央高瞻远瞩、统筹全局、把握国内外发展大势、实现高质量发展做出的重大战略部署，以崭新的、丰富的内容大力度地拓宽了中国特色社会主义经济政治学的理论。打造双循环新发展格局，推动高质量发展，中国需要深度融入全球大循环，与此同时，推动全球经济复苏、促进全球经济再平衡，也需要中国市场助力。面对世界政治经济格局的深刻复杂变化，面对多种全球性多重危机叠加的严峻挑战，中国坚持高水平对外开放，构建高水平市场经济体制，以内外贸一体化推动高质量发展，既是中国自身的重大课题，也是全球关注的重大课题。

"双循环"新发展格局包括国内和国际两个层面，把握两者之间的相互关系，是理解"双循环"格局下内外贸一体化内涵的关键。国内大循环与国际大循环是辩证统一的。一方面，国内大循环是发展国际外循环的前提和基础，只有发展好了国内大循环，才有能力和资本去融入国际外循环；另一方面，国际外循环能更好地支撑起国内大循环的发展，作为国内大循环商务外延和补充，国际外循环的发展可以带动我国企业有序参与国际分工与合作，对于产业升级、延长产业链来讲有莫大的助益。

"双循环"格局的内涵有以下三个要点：

一是未来一个时期内国内经济将在中国国民经济发展中日益发挥主导作用。大国的发展历程反复证明随着经济发展水平的提升，内需取代外需成为经济发展的主要动力是必然选择。以国内经济大循环为主体，提升经济自主性和安全性是重要战略发展方向。强大国内市场，扩大内需，提升国内经济循环效率提升的同时，参与国际大循环的竞争力也将被带动。中国作为全球第二大经济体拥有 14 亿人口，其中中等收入人群超过 4 亿并不断增加，消费潜力巨大。对于宏观经济发展来说，打通国内经济大循环的堵点和难点，以内需联动国内外经济发展是大国发展的时代选择；对于外向型企业来说，把握这一时代特征，找准扩大内需的时代脉搏，使国内超大规模市场成为新的规模化扩张动力，对自身发展至关重要。

二是国内国际双循环需要以制度和技术的突破为切入点。目前我国国内经济循环还有很多需要破除的体制机制性障碍。提升市场在资源配置在生产、分配、流通和消费等各个环节的作用，深化体制机制改革，降低交易成本，促进要素的市场化运作，进一步优化和营造公平公正透明开放的市场竞争环境，从而激发市场主体的活力。同时，要充分发挥市场在科技资源配置中的决定性作用，构建开放式自主创新体系，通过关键技术突破，掌握技术创新的制高点和经济发展主动权。

三是进一步扩大对外开放是助推双循环发展必不可少的一环。中国通过对外开放深度融入世界经济，短短几十年时间发展成为世界第二大经济体，并与许多国家形成了"你中有我，我中有你"的经济发展格局。新形势下，中国实施以国内经济大循环为主体，国际经济大循环为补充的发展战略，并非重回闭关锁国的国内经济循环的老路，而是要进一步扩大对外开放，不断提升对外开放水平，这样才能更好地解决国内要素、资源、营商环境等多方面不足的问题，推动国内产业提质增效，不断满足国内消费水平的提升，更好地畅通国内经济大循环，并夯实其主体地位，也为世界各国提供潜力巨大的市场。因此，双循环战略并未排斥或弱化对外开放，相反，为了更好地发展和巩固国内经济大循环的主体地位，必须"进一步全面提高对外开放水平，建设更高水平开放型经济新体制，形成国际合作和竞争新优势"。要积极参与全球经济治理体系改革，推动完善更加公平合理的国际经济治理体系。唯有如此，我们才能真正以双循环战略应对国际风云变幻的挑战，也才能逐步实现"第二个百年奋斗目标"。

（二）双循环与内外贸一体化的内在逻辑

1. 促进内外贸一体化建设是双循环格局的内在要求

"双循环"的内在逻辑主要包括"内循环"和"外循环"。其中，"内循环"是指以国内市场为主体，通过优化产业结构和市场机制，提升内需和消费能力，形成自主可控的发展模式。而"外循环"则是指以全球市场为基础，积极参与全球经济合作，提高开放水平和合作能力，将内部优势转化为国际竞争力。"内外贸一体化"的内在逻辑则侧重强调内外部经济联系，实现资源、制度、市场的优化配置，要求各级政府落实健全内部市场机制，强化对外贸易，完善供需关系，通过产业链分工和区域经济合作，针对国内外市场的不同需求，加快我国实现从生产型国家向消费型国家转型。"双循环"格局是"内外贸一体化"建设的大背景、大方针，"内外贸一体化"是"双循环"在具体落地实施时的政策举措，是国内国际双循环在我国市场经济环境中的现实体现，也是建立国内外统一大市场的发力点。内外贸一体化自带双循环 DNA，两者是相互关联，互为支撑，协调一致共同推动中国经济高质量发展。

从唯物辩证法相关理论来看，双循环格局中的国内循环与国外循环综合反映了我国经济发展中的内部矛盾与外部矛盾。内外贸一体化的提出则是为了更好地协调和平衡内部与外部矛盾。 一方面，国内大循环作为内部矛盾是中国经济发展的根本动力。一个国家经济的稳定发展离不开内需的拉动，国内大循环可以推动经济结构升级，增加内需和消费，提高经济抗风险能力。国际经济环境的变化可能带来诸如贸易战、金融动荡和技术封锁等风险，而国内大循环可以通过扩大内需和刺激消费来降低对外部环境的依赖，缓解外部环境对经济的影响，从而保持经济的稳定和持续增长。另一方面， 国际外循环作为外部矛盾，是中国经济发展的重要因素，只有在更高层次上融入国际外循环，获得更广阔的市场和更多的投资机会，才能进一步提高我国在全球价值链条中的地位，突破资源瓶颈、技术创新不足等问题，形成更高水平的对外开放格局。

2. 新发展格局为内外贸一体化发展奠定了良好的基础

企业通过在全球范围内对商品生产和消费进行配置寻找利润点，最大程度利用好国际国内两个市场，才能在经济全球化的趋势下获得最大利益。在"双循环"新发展格局下，我国即将迎来一个以内需拉动供给、内贸与外贸协调、引进来与走出去并重的高开放型经济发展格局，这无疑为我国加快完善内外贸一体化调控体系、加速推进内外贸一体化发展进程提供了优良环境以及绝佳契机。

第一，外贸经济和内需经济相得益彰，相互支持。外贸经济是推动中国经济高速增长的重要引擎，而内需市场则是一个巨大的潜在市场。内外贸一体化开发了内需市场，增加消费者的购买力和支出，同时外贸出口也可以得到更广泛的市场，这将互相推进。

第二，内需市场的发展促进了产业升级，从而加强了中国的国际竞争力。通过加大内需市场的力度，中国需要更多的回敬产品，以满足消费者的需求，这进一步促进了制造业，特别是高端制造业和服务业的发展，带动整个产业链的升级和优化。这使得中国更加有竞争力，在全球市场中更具优势。

第三，内外贸一体化的实施促进了全球化。中国加强了与外部经济体的合作，加深贸易和投资合作发展，增强了中国与世界其他国家的贸易和经济联系。同时，中国积极推动全球公共产品的发展，支撑了全球经济的稳定发展。这种全球化发展趋势将带动全球贸易的增长，加强了全球经济的稳定。

3. 在双循环格局下内外贸一体化迎来新的发展阶段

在"双循环"新发展格局下，更高质量发展成为双循环的关键词。在双循环提质增效的过程中，内外贸一体化改革也迎来了全新的发展阶段，内外贸一体化的政策含义也已如前文提到的从出口转内销转化为双循环下新市场体系与管理体系建立。内外贸一体化也将在双循环宏伟蓝图的实现过程中迎来新的发展阶段。

首先，随着双循环发展战略的实施，中国经济将从过去的外部驱动向内部拉动转变，需要通过改革、开放和创新打造自主闭环和开放双循环的新格局。在这一过程中，加强内外贸一体化建设是非常重要的一环，可以提高外贸竞争力，带动内部市场消费增长，形成内外贸协同发展的新动力。

其次，随着中国经济进一步发展，对外贸易的依赖程度逐渐降低。近年来，中国国内消费市场不断壮大，成为经济增长的重要引擎，内部需求已经开始成为推动经济发展的重要动力。因此，内外贸一体化建设可以更好地满足国内市场需求，加强内外贸共同发展，实现内外贸良性循环。

最后，双循环格局下，中国将更重视自主创新和自主决策。内外贸一体化建设不仅可以促进贸易平衡，增强中国经济的自主性和独立性，还可以推动产业升级和技术进步，提高企业竞争力和国际影响力，加速中国经济转型升级。

（三）双循环视角下的内外贸一体化内涵

内外贸一体化，就是将内外贸管理体制由原来的分割逐步融为一体化，为统筹国际国内两个市场统一提供着力点和突破口。1992年党的十四大提出建立社会主义市场经济体制的改革目标，党的十六届三中全会通过的《中共中央关于完善社会主义市场经济体制若干问题的决定》中，也明确指出了"要按照市场经济和世贸组织规则的要求，加快内外贸一体化进程"。市场经济是以市场机制导向社会资源配置的经济形态，因此市场经济体制要求市场体系具有统一性和开放性。内外贸发展一体化是市场经济发展到一定阶段的必然结果。内外贸发展若分离，是不利于经济发展的；加快内外贸一体化发展可以使内外贸两个市场互促互通，资源得到有效配置，开创中国经贸发展的新形势。从企业视角来看，内外贸一体化可以看成是企业的全球化运营，但是不论是主体、客体、载体抑或是其结构、形式、理念等都发生了深刻的变化，从这个方面说，研究内外贸一体化是对全球化与逆全球化思想的多维透视，是对当代全球化理论与实践的探索与创新。

内外贸一体化的内涵可以从功能定位、表现形态、体制要求三个层次理解。内外贸一体化的功能定位是在"双循环"发展格局下，高水平对外开放在贸易领域的核心体现。内外贸一体化的表现形式是以消除内外贸分割状态为目标，将国内贸易与对外贸易纳入同一管理体系，推动内外贸相互促进、互为支撑、有机融合、协同发展的系统性改革，主要表现为在国内与国际两个市场上产品执行同线同标同质、企业运营体系可以顺滑切换、国内国际市场实现无缝对接。企业有能力同时利用内外两个市场空间来平衡市场风险，既能把握国内市场发展和消费升级的机遇，也能在面临国际市场"断供"风险时实现进口替代；而且，企业通过构建全球化的供应链体系，也能够增强利用两种市场、两种资源的能力，提升全球竞争力，并有效推动浙江省乃至我国优质商品畅销全球。内外贸一体化的体制要求是政府通过构建一体化的内外贸监管制度、政策支撑体系、公共服务体系、数字化调控体系等，最终形成内外贸统一的管理体制，优化建设规范、法制、透明、高效、成熟的市场体系，推动更高水平更高质量对外开放。

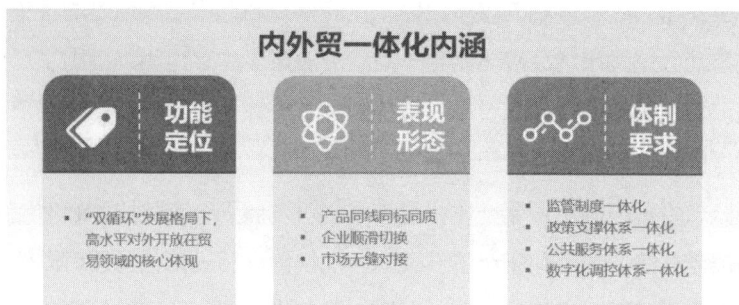

图1-2　内外贸一体化内涵

（四）内外贸一体化建设目标

中国建设具有开放有序的内外贸一体化格局的目标可以概括为以下几个方面：

1. 重塑大国竞争优势

大国优势的形成，主要在于因其"大"而导致的规模经济与分工优势。以国内统一大市场重塑地区分工格局，能够促进规模经济效应的实现，提升全球竞争优势。然而，由于存在市场分割效应，长期以来中国虽然是超大规模国家但一直没有形成一个超大规模的统一市场，无法享受到超大规模国家所具有的独特竞争优势。在建设内外贸一体化过程中，各级政府必将促进和引导外向型企业业务回流，在这一过程中将逐步促成将中国分散的市场聚合为国内统一大市场，有利于释放大国发展的潜力和规模红利，获取大国内部的知识溢出和知识创新效应，进而对世界经济成长产生巨大的拉动作用，甚至在一定程度上可以左右全球经济贸易关系以及经济运行趋势。

2. 构建新发展格局

长期以来，中国的经济增长主要依赖于政府投资和出口拉动。中国的资本形成率远远高于各类国家平均水平，超出高收入国家平均水平的一倍以上。以政府财政为基础的大规模投资是难以长久持续的。2008年全球金融危机后，中国的外部需求明显回落，外贸依存度已低于各类国家的平均水平。与此同时，中国的家庭消费率远远低于低收入国家、下中等收入国家和高收入国家的平均水平，仅略高于上中等收入国家的平均水平，内需仍有巨大的发展空间。因此，把以政府投资和出口为动力转换为消费为动力才能在今后一段时间实现经济稳定增长，对应的，构建内外贸一体化市场格局，特别是建立统一的国内大市场，是构建新发展格局的基础条件，充分发掘内、外两个大市场规模经济效益的潜力，使生产、分配、流通、消费各环节更多依托国内市场，实现高水平自立自强，成为经济长期增长的重要动力。

3. 提升产业链现代化水平

过去中国依托于"客场"经济全球化模式下的出口国际代工，发展成为"两头在外"的"世界工厂"，这一模式迅速拉动中国经济腾飞，但难以避免地让中国代工企业难以跳出全球价值链的低端环节。近年来的中美贸易摩擦中，美国对中国实施封锁、围堵、打压和遏制的力度不断加大，使中国部分核心技术缺失的产业领域面临诸多"卡脖子"问题。新冠肺炎疫情的全球蔓延，进一步加剧了全球产业链的重组趋势，各国纷纷采取措施鼓励企业内向化、区域化发展，致使全球产业链断裂与重组不可避免。推动以利用他国市场为特征的"客场"经济全球化模式转变为利用内需为主的"主场"经济全球化模式，是未来参与全球产业竞争的重要战略选择。中央财经委员会第五次会议指出，要充分发挥集中力量办大事的制度优势和超大规模的市场优势，打好产业基础高级化、产业链现代化的攻坚战。如果说过去低价优质的生产要素是比较优势，内外贸一体化大市场将成为新的动态比较优势。国内统一大市场的形成，可以据此虹吸全球先进生产要素，促进基础产业的创新发展，建立门类齐全、竞争力较强的产业体系，培育本土企业的自主技术和自主品牌，实现上下游、产供销有效衔接、高效运转，进而促进产业链现代化水平的提升。

本章参考文献：

[1] 宋志勇 . 积极推动实施双循环战略促进世界经济复苏与发展 [J]. 东北亚经济研究，2021（04）

[2] 冯君琦 . "互联网+"对内外贸市场一体化的影响及对策分析 [J]. 现代商业，2017（11）

[3] 刘瑞 . "双循环"新发展格局构想与企业应对之道 [J]. 企业经济，2020（12）

[4] 胡德宁 . 新时期内外贸一体化发展策略研究 [J]. 价格月刊，2021（2）

[5] 蒲洋华 . "双循环"新发展格局下绵阳市农村电子商务发展对策研究 [D].2022-05-01

[6] 朱鸿鸣 . 双循环新发展格局的内在结构与误区廓清 [J]. 东北财经大学学报，2020（11）

[7] 刘志彪，凌永辉 . 打通双循环中供给侧的堵点：战略思路和关键举措 [J]. 新疆师范大学学报（哲学社会科学版），2020（12）

[8] 姜英华 . 习近平关于经济高质量发展的重要论述研究 [J]. 重庆邮电大学学报（社会科学版），2022（1）

[9] 刘尧飞 . 经济双循环背景下中国制造业全球价值链重构 [J]. 东北亚经济研究，2022（6）

[10] 刘立云，孔祥利 . 基于《资本论》视阈的"双循环"新发展格局理论阐释与当代价值 [J]. 现代财经（天津财经大学学报），2021（8）

第二章

内外贸一体化治理
——浙江的创新与特色

浙江省对照"勇当构建新发展格局开路先锋"的要求，坚持问题导向，对全省外向型企业开展抽样调查，把握企业对内外贸一体化的认识程度、推进意愿、现实瓶颈与主观诉求。基于调研情况，强化系统思维，全省各级政府和企业共同努力开启省域内外贸一体化建设布局。2020 年以来，为推动内外贸一体化工作，浙江各级政府部门在改革引领、试点先行、平台支撑、品牌赋能等方面积极探索，推进内外贸一体化由 1.0 迈入 2.0 阶段，为深化内外贸一体化 3.0 阶段改革奠定基础。

一、浙江省助推内外贸一体化施政要点

（一）浙江省颁布的相关文件要点

2020 年 7 月省商务厅、省发改委等 9 部门印发《关于推动外贸企业开拓国内市场的若干意见》，从品牌建设、销售网络建设、金融支持等方面对外贸企业给予支持，帮助企业开拓国内市场，精准施策加大力度做好"六稳"工作，加速形成内外贸联动发展新格局。新政针对外贸企业在国内缺乏营销渠道这一痛点，支持企业自建国内营销网络，加快实施"浙货行天下"行动。具体来说，浙江将开展"北上""南下""东进""西拓"多向拓市行动，紧盯北京、上海、广州、西安、成都、重庆等国内消费中心城市。同时，加强内外贸企业融合对接，积极推动外贸企业进社区、进政采云、进步行街、进商场、进超市、进平台。同时，为了支持企业加强自有品牌建设，打开国内市场，补足品牌建设的短板，省商务厅加大支持外贸企业申请国内商标注册和专利授权力度，优化商事登记流程，提高服务质量和办事效率，降低市场准入门槛。针对外贸企业开拓内销市场资金压力大的情况，《意见》明确，相关部门将支持银行业金融机构开发与外贸企业开拓国内市场相适应的金融产品，开展面向外贸企业的应收账款融资、无还本续贷、随借随还、信用贷款等产品和服务创新。同时，浙江省商务厅、省财政厅还出台《关于支持外贸企业参与政府采购助推外贸产品出口转内销有关事项的通知》，支持外贸企业建立国内营销网络，支持外贸产品进入政府采购。

2022 年 1 月 10 日，浙江省商务厅等 16 部门关于印发《加快推进内外贸一体化发展若干意见的通知》。这是全国首个省级层面出台的内外贸一体化相关政策。文件要求用三年左右时间，全省内外贸一体化调控体系更加健全，市场主体一体化发展水平显著提升，政府治理和服务能力持续优化。培育形成 100 家内外贸一体化改革试点产业基地、1000 家内外贸一体化"领跑者"企业，新增 1 万亿销售规模。重点任务一是推动内外贸产品供需互促，推动产业集群内外协同发展，强品牌、强标准，推进"同线同标同质"工程。二是强化内外贸主体示范引领，培育国际化双循环企业，发挥新时代浙商优势。三是促进国内国际市场高效联通，深入推进"浙货行天下"工程，挖掘扩大内需潜力。四是营造优良一体化生态环境，打造内外贸融合发展高能级平台，加强金融、物流和人才队伍建设保障。五是提升政府一体化治理能力，强化政策支持、鼓励试点，构建内外贸一体化考核评价体系。

2022 年 1 月 12 日，浙江省外贸工作领导小组办公室印发《关于金融助力外贸稳增长的若干意见》，为贯彻落实党中央、国务院和省委决策部署，为企业纾困减负，深化和创新涉外金融服务、推动实现外贸高质量发展，从加强外贸融资服务、深入实施纾困减负、强化外贸风险保障、优化跨境金融服务、落实组织保障等五个方面提出了 15 条意见措施。具体包括开展定制化服务加大外贸融资；推进融资降本减负，对符合条件的企业降低出口信保费率 10% 以上，在此基础上对山区 26 县小微企业进一步"扩责降费"；帮助企业提升风险管理能力，扩大出口信保覆盖面；全省范围开展本外币合一银行账户体系试点，优化跨境金融服务；加强外贸金融领域数字化平台集成等。

2022 年 7 月 9 日，浙江省人民政府办公厅印发《关于支持稳外贸稳外资十条措施》政策共 10 条，主要针对当前企业反映较为集中的问题和诉求，提出解决办法：一是提升商务人员出入境证件办理便利化水平。二是畅通跨境经贸活动渠道。主要解决当前境外参展、海外营销、来浙采购、境外投资等商务人员出入境航班不足问题。三是加大金融支持力度。指导外贸外资企业用好现有的金融工具。四是推进国际投资自由化便利化。主要是提升外资企业贸易投资跨境人民币结算便利化水平。五是支持企业创新方式开拓市场。出台新一批省级重点类展会目录，支持企业以"代参展"等多种方式开拓国际市场。六是加大国际海运物流纾困。主要是化解当前外贸企业面临的订舱难、运费高等问题。七是用足用好出口信用保险。主要是进一步用好出口信保政策，为外贸企业开拓国际市场提供保障。八是建立跨国公司省长直通车机制。主要是搭建省领导与重点企业高层直接交流沟通的"绿色通道"，便利外资大项目的招引。九是建立外资大项目要素保障省级统筹机制。主要是为外资大项目的招引和落地，提供要素保障。十是对外资企业在浙设立地区总部或研发中心给予激励。主要是发挥政策作用，优化外资结构。

2022 年 9 月 19 日，浙江省外贸工作领导小组印发《浙江省对外贸易主体培育行动计划（2022-2025）》，旨在发挥外贸主体培育在构建新发展格局、推进外贸高质量发展中的强基固本作用，通过政策引导、梯队培训、营商环境优化、加大金融支持等方式，力争到 2025 年底，新增有外贸实绩的企业 2 万家，新增年进出口额 1000 万美元以上的外贸企业 2000 家，新增年进出口额 1 亿美元以上外贸龙头企业 200 家。通过挖掘内贸企业出口潜力、鼓励内外贸一体化融合发展、提升出口产品本地化比例，引导和鼓励流通型出口龙头企业与本地制造业企业开展深度对接，引导国内企业拓展跨境电商业务，引导外贸企业线上线下融合拓市，发展壮大市场采购贸易主体等举措推进企业实现外贸新的突破。通过"浙货行天下"工程融合数字化营销帮助企业推广，发展和培育"专精特新"外贸企业和海外仓企业，实施招才引智计划加强外贸人才队伍梯队建设，鼓励工贸一体企业加快开展智能化、个性化生产，形成外贸数字化供应链体系等举措推进小微外贸企业上规升级。通过对年进出口额 1 亿美元以上重点企业建立外贸"直通车"制度，优化外贸主体发展环境，以"企业集团"为单元对企业集团加工贸易业务实施整体监管新模式，依托浙江知识产权在线服务助力外贸龙头企业"品牌出海"，鼓励世界 500 强企业通过设立国际营销总部、物流中心、结算中心等功能性机构，在浙江省扎根发展，支持国际营销公共服务平台等措施培育国际贸易总部企业。同时出台外贸主体培育政策、平台建设、出口信用保险支持、对外贸企业金融支持等支撑政策。并通过开展外贸业务差别化培训，深化外贸"放管服"改革，提升贸易合规服务，培育合规先行企业，搭建国际经济交流合作平台等方式优化营商环境。

2022年9月29日，浙江省人民政府办公厅印发《关于进一步支持稳外贸稳外资促消费若干措施》。针对国务院19条稳经济接续政策，逐条提出落实举措；针对当前企业反映较为集中的问题和诉求，提出解决办法：一是便利商务人员往来，积极协调相关国家驻中国使领馆为出境商务人员办理签证，建立健全重点企业申领APEC商务旅行卡"白名单"制度，加大境内外参展支持力度，增加展会目录项目，加大对商务定期航班和商业航班"包舱位"的支持力度，保障商务人员出境拓市场。二是进一步支持海外仓发展，加快培育省级公共海外仓，支持专业机构建设和运营海外仓，鼓励金融机构创新金融产品支持海外仓融资。三是支持新能源汽车出口，培育一批新能源汽车领域"浙江出口名牌"，将新能源汽车纳入展会政策支持，推动企业注册境内外商标、专利便利化，支持通过"义新欧"中欧班列运输。四是持续推动政府性融资担保汇率避险政策增量扩面，深化"汇及万家"宣传服务，持续丰富银行汇率避险产品和服务。五是精准支持数字贸易高质量发展，实施数字贸易高质量发展重点项目计划。六是加大制造业外资招引，围绕"415X"先进制造业集群建设编制产业投资地图，形成制造业外资重点盯引目标清单，承接进博会、数贸会等重点展会溢出效应，开展"投资浙里"系列投促活动，加大对制造业重大外资项目要素协调保障力度。七是加大对外资研发中心支持力度，支持外资研发中心引进聘用外籍高层次人才，为引进的相关外籍高端人才提供工作、居留及出入境便利。八是加大餐饮消费支持力度，开展餐饮领域"三百行动"，举办20场以上餐饮促销活动，推动预制菜产业发展，适度放宽餐饮广告宣传和摊点外摆限制。九是加大家居消费支持力度，落实国家四部委推进家居产业高质量发展行动方案。十是推动持续扩大文化和旅游消费。

从上面的系列文件我们可以发现，从 2020 年开始，浙江针对疫情引发的外贸困境开展了全面部署，根据国家相关政策指导，扎实做好"六稳""六保"工作，提出以出口转内销为核心的内外贸一体化举措。进入 2022 年，外部环境复杂性不确定性加剧，世界经济复苏放缓和通胀压力并行，企业对国际市场开拓、新能源汽车出口、稳外资、促消费等方面举措有更为强烈的诉求。面对需求收缩、供给冲击、预期转弱三重压力，中央政府工作报告提出"进出口保稳提质""多措并举稳定外贸"，浙江省深入贯彻落实党中央、国务院及省委省政府有关推进"十四五"外贸高质量发展决策部署，以构建外贸新发展格局为主题，密集出台了致力于稳外贸的系列政策，围绕政策引导、主体培育、平台建设、营商环境优化、金融支持、数字化提升、人才建设等方面加强政策精准供给，核心举措与内外贸一体化建设内容一脉相承，有效地支持内外贸企业稳定发展。

二、浙江省各职能部门内外贸一体化发展举措

（一）浙江省市场监管局推动内外贸一体化发展举措

近年来，浙江省市场监管局围绕构建新发展格局，推进内外贸一体化建设，以数字化改革为牵引，统筹国际、国内市场，服务高质量发展，在品牌建设、知识产权保护、产品同线同标同质工作（以下简称"三同"工作）等方面取得了积极成效。

1."品字标"浙江制造建设成果突出

围绕质量品牌建设，省市场监管局聚焦"品字标"浙江制造品牌存在的突出问题，精准施策，持续发力，全面创新，实现了"品牌再升级、领跑再加速"。"品字标"浙江制造品牌通过综合发挥标准提档、质量提升、品牌提效的组合效用，已成为推动浙江省经济社会高质量发展的重要引擎，一直以来领跑全国。目前，"品字标"已形成浙江制造、浙江农产、浙江服务三大体系，上海、江苏、

安徽等十几个省市纷纷效仿浙江模式在各自省市推广。仅2021年1-6月就新增"品字标"企业335家，累计达1897家；年度新增"浙江制造"标准247项，累计达2226项。"品字标"推进工作特色体现在以下几个方面：

一是质量标准体系持续完善。构建体现"精心设计、精良选材、精工制造、精准服务"等核心要素，涵盖产品全生命周期的"浙江制造"标准，全面构建完成工业、农业、服务业领域"好企业＋好产品＋好服务"的"浙江制造"标准体系。已研制发布数字安防、光伏能源等产业标准体系指南10项，研制优于国家、行业标准要求的"浙江制造"标准2226项，其中相当一部分标准达到国际先进水平。

二是品牌培育机制逐步优化。统筹发挥"浙江省品牌建设联合会"和"浙江制造国际认证联盟"的桥梁纽带作用，有效整合全省龙头企业、科研院所、高等院校、海内外优质认证机构和各级行业协会的资源，建立"产学研社"共创公共品牌大平台。先后出台《关于进一步推进"品字标浙江制造"品牌建设的意见》《进一步推进"品字标浙江制造"品牌建设责任分工》，共对15类38个问题"对标对表"进行责任落实。

三是拓面行动全面开展。联合农业农村厅下发"品字标"浙江农产认定企业文件，确定24家企业为2020年度"品字标"浙江农产品牌企业；联合文旅厅下发"品字标"浙江服务试点工作的通知部署年度工作；召开"品字标浙江服务"工作推进会，与省文化旅游厅会商"品字标浙江服务"B标准研制及线上申报系统的建设。特色产业质量提升工作重点推进。围绕浙江省战略性新兴产业、产业基础扎实的传统制造业和历史经典产业等，向全国公开征集全产业链标准研制建议和研究单位，构建并陆续完善各产业"浙江制造"标准体系框架指南。已制定发布电机产业、光伏能源、农业机械、数字安防、应急救援和数控机床等6大类标准体系框架指南，有效解决相关领域内高标准配套问题，确保标准内容满足产业发展最新趋势。推广"一次认证 多国证书"国际互认模式，新增国际认证证书27张，累计达到250张。

四是"品字标"品牌宣传逐步推进。坚持讲好浙江制造品牌故事，唱响"品字标"品牌作为主旋律，提炼"浙江制造"标准关键性能指标，形成与现行国际标准、国外先进标准、国家标准、行业标准"关键性能指标对比表"。制定发布《"品字标"浙江制造贴标亮标工作指南》，全面推行质量承诺、贴标亮标"四个百分百"工作（质量承诺 100% 公示、品牌产品 100% 贴标、厂区车间 100% 亮标、广告宣传 100% 植入），加快提升"品字标"公共品牌的知名度和认可度。培训宣传行动全面展开。在十一个地市及皮革产业开展公益培训和答辩活动；完成玩具及婴童用品产业"品字标"团体标准体系框架指南研制工作；组织 15 家"品字标"企业参展中东欧博览会；"中国品牌日"期间，中新网等 20 多个权威媒体刊登《"品字标"助力浙江品牌建设迈入"黄金时代"》主题文章。

下一步，省市场监管局计划以《浙江省质量强省标准强省品牌强省建设"十四五"规划》为引领，在"十四五"期间，累计培育"品字标"品牌企业 2500 家，建成一批全国质量品牌提升示范区。进一步完善品牌培育机制，加快形成一批具有国际影响力的知名品牌，进一步提升"品字标"区域公共品牌的影响力和附加值，推动浙江产品和产业向价值链高端跃升，为浙江省打造"重要窗口"。工作重点包括：开展对标达标行动，以十大标志性产业链和"415"先进制造业集群为重点，对标国际先进水平，制定《质量提升行动实施方案（2021-2023 年）》，深化百个特色产业质量提升行动。新增主导制定国际标准 10 项以上、国家标准和行业标准 100 项以上，新制定国际先进、国内一流的"浙江制造"标准 500 项以上。提升品牌质量水平，积极创建全国质量强市（县）示范城市和质量品牌提升示范区。推进质量品牌协同互认，完成首批省级 10 个重点产业质量提升工作评价，打造 100 个质量基础设施"一站式"服务平台，推动长三角质量合作、品牌互认。实施质量管理"千争创万导入"行动，引导企业树立"质量第一"的理念，支持企业争创制造业领域中国质量奖。

2. 知识产权保护工作成效显著

知识产权保护作为建设创新型省份的重要支撑，呈现出良好的发展势头，主要指标保持全国第一方阵，打造成为具有浙江辨识度知识产权保护工作"金名片"。2020 年中央对各省、自治区、直辖市党委政府知识产权保护工作检查考核中，浙江省以 103.5 分优异成绩位列全国第一，获得考核优秀。2020 年度浙江省知识产权行政保护工作绩效考核名次位列全国第一，创历史最佳成绩。浙江省知识产权保护工作成绩双双名列全国前茅，具体有以下几个特点：

一是知识产权保护数字化改革工作任务全面展开。省委将知识产权保护"一件事"集成改革列为牵一发动全身的重大改革。根据省委的统一决策部署，坚持需求导向、问题导向、效果导向，围绕知识产权保护痛点、堵点，省市场监管局开发建设了"浙江知识产权在线"应用平台。通过全门类数据集成，全流程业务重构，全方位部门协同，跨领域、跨系统、跨层级、跨部门建设，综合集成专利、商标、著作权、地理标志、植物新品种、商业秘密、集成电路布图设计、非物质文化遗产、老字号等全门类数据 6000 余项、1.2 亿条，实现一窗口统办、一平台交易、一链条保护、一站式管理、一体化服务。

二是知识产权保护平台建设逐步完善。围绕地方特色产业发展的需求实际，按照"建设一批、申报一批、培育一批"的总体发展思路，加快推进知识产权保护平台建设布局。截至目前，全省获批建设知识产权快速维权中心已达 8 家，数量位居全国第一。推进专利执法力量下沉，全省 11 个设区市全部实现专利行政执法权下放工作。出台《关于进一步加强知识产权维权援助工作的指导意见》，推进中小企业维权能力不断提升。

三是海外知识产权保护工作有序开展。省市场监管局联合省商务厅、省贸促会，出台全国首个《关于加强海外知识产权保护的实施意见》。加强海外知识产权纠纷信息监测和预警，编制完成海外信息预警简报和 NPE 调查报告。加快国家海外知识产权纠纷应对指导地方分中心建设，浙江省共获批建立国家海外知识产权纠纷应对指导中心浙江分中心、宁波分中心、台州分中心和义乌分中心等 4 家，数量位居全国第一，其中义乌分中心是全国首个县级市设立的地方分中心。

今后省市场监管局还将以知识产权数量多起来、结构优起来、运用活起来、形象树起来等"四个起来"为目标，重点提升知识产权治理能力和水平。具体包括健全内外贸一体化知识产权保护相关法规政策体系，认真谋划研究制定《浙江省知识产权保护条例》；优化知识产权布局结构，围绕国际市场拓展、贸易摩擦应对等重点环节，实施关口前移，鼓励支持企业分析海外市场竞争对手关键专利，进行专利海外申请布局，争取到 2025 年，全省每万人高价值发明专利拥有量达到 17 件，海外发明专利年授权量达到 5000 件，马德里国际注册商标拥有量达到 7500 件；提升知识产权保护系统性、整体性和协同性，完善司法保护、行政保护、仲裁调解、社会监督衔接机制，计划到 2025 年，知识产权示范市、示范县（市、区）覆盖率提升到 90%，知识产权保护满意度得到提升；激发知识产权运用市场活力，加强高价值知识产权运营平台、知识产权交易平台和知识产权大数据平台建设，推动知识产权转让、许可、资本运营高效运作，实现知识产权保险、证券化、信用贷款等金融服务充分发展，到 2025 年，知识产权质押融资金额大幅提升，达到 1000 亿元；塑造"同保护"优越环境，发挥国家海外知识产权纠纷应对指导中心浙江分中心、宁波分中心、台州分中心和义乌分中心的作用，借力世界知识产权大会等国际会议、重要国际展会、国际学术交流平台推进国际知识产权交流合作。

3. "三同"工作推进持续完善

推进内外贸产品的"同线同标同质"，既是推进供给侧结构性改革、提升国内市场供给质量的重要措施，同时也是支持出口产品转内销、促进国内国际市场双循环的重要举措。浙江省高度重视推进"三同"行动，以数字化改革为牵引，出台行动方案，搭建"三同"在线平台，推动"三同"企业和产品注册上线，发挥部门合力，共同推进"三同"工作，更好满足人民群众消费升级需求。截至目前，"三同"在线平台注册企业 446 家，上线产品 525 种，其中食品农产品 112 种，一般消费品、工业品 413 种。"三同"工作的特色亮点体现在：

一是全面协调推进。省市场监管局与认证司相关职能处室、总局认证认可技术研究中心等进一步强化了合作共识，支持浙江省推进实施"三同"行动。横向协同逐步加强。省市场监管局与省商务厅，会同国家三同联盟、省电子商务促进会、浙江制造国际认证联盟以及部分企业，召开浙江三同联盟筹备工作会，积极推进浙江联盟筹建，加强"三同"技术服务和产品推广。系统内进一步统筹推进。印发《关于实施内外贸产品"同线同标同质"行动的通知》，明确8个方面工作任务，部署全省实施"三同"行动。成立"三同"数字化工作小组，研讨"浙江质量在线"中"同线同标同质"驾驶舱界面及浙江"同线同标同质"在线平台优化方案，增强管理与服务功能。宣传推广有效开展。精心筹划部署，利用"世界认可日"系列活动、中国—中东欧博览会暨国际消费品博览会等契机，开展"三同"产品宣传推广活动，通过自媒体、微信公众号等平台广泛宣传推广"三同"工作，促进"三同"产品发展。

二是数字化引领成效显著。作为省市场监管局十大数字化项目之一，在"浙江质量在线""质量发展行动"中开发"三同"应用场景及驾驶舱界面，打造浙江"三同"在线服务平台；突出"企业端""服务端""监管端"，构建全国首个省级"三同"在线服务平台，面向企业和消费者开展应用场景服务，实现信息全、服务优、预警快、推广好，实现企业自主申报、中介服务推动、政府市场监管的实施模式。"三同"产品风险监测全面加强。健全上线产品监测机制，对"三同"产品核验情况列入"互联网＋"双随机监管内容。开展产品监督抽检（查），查处质量违法行为并向社会发布，及时对消费者投诉举报、社会舆情等质量安全信息进行调查和处理。

三是市场化主体作用有效突出。发挥市场机制的作用，突出企业主体作用，支持指导企业通过自我声明或委托第三方机构进行相关质量评价发展"三同"产品，加快实现内外销转型发展。引导企业对标达标工作逐步推进。用好全国"百城千业万企对标达标提升"系统平台，比对标准技术指标和产品实物质量指标，指导和鼓励企业严格按照国际先进标准要求，采标、对标、达标，提升标准实施水平。采信高品质认证发展"三同"产品，支持、引导已获得"品字标浙江制造""丽水山耕"认证、绿色产品认证等高品质认证的企业发展"三同"产品。"三同"服务组织持续发展。筹建浙江国际性质量认证创新联盟，发挥行业组织服务作用，服务企业质量技术需求，为企业拓展国内国际市场提供标准信息、认证检测、商标注册、专利申请等方面的业务培训和技术服务。

支持企业搭建内外销宣传推广平台，精准对接消费需求。

下一步省市场监管局仍将坚持"大市场、大质量、大监管"理念，全面推进"三同"工作，帮助企业利用国际、国内两种资源，统筹国际、国内两个市场，服务高质量发展。工作重点包括：一是推动数字赋能，通过浙江"同线同标同质"平台后台做好政策信息、技术服务等信息运维工作，并与商务部门实现多跨协同。利用"浙江质量在线"，建立相关标准、质量管理、第三方评价等政策，组织专业技术综合服务机制和专家团队，为企业拓展国内国际市场提供技术服务。二是深化协同共促。把推动"三同"工作与内外贸一体化、"品字标"品牌建设、质量提升行动、对标达标提升行动、放心消费建设等工作结合起来，指导企业运用中国质量走出去的有益经验，提升质量管理水平，形成"全球市场、一个品牌、统一质量标准认证体系"的"三同"企业高质量发展模式。结合各地内外贸发展实际，积极梳理摸排特色产业，为持续推进"三同"工作做好准备。探索建立区域协同推广实施机制，立足区域产业特点和企业实际需求，有重点、分行业、分阶段地开展企业实施内外贸产品"三同"工作。到2025年，自主品牌产品出口比重达到15%。三是营造良好政策环境。将"三同"纳入各级党委和政府发展部署，有机融入当地产业发展和内外贸一体化工作，创造良好的政策协同环境。加大政策支撑力度，通过制定激励政策、加强认证结果采信、便利化融资等方式，鼓励引导企业满足"三同"要求，支撑企业内外销一体化。建议通过商务、经信、市场监管联合发文等方式，加大政策支撑和指导，形成齐抓共推的良好氛围。四是规范督促各方落实责任。加强对"三同"企业与产品质量的监管，督促企业落实主体责任。加强对为"三同"企业提供认证检测等服务的专业技术机构的监管工作，督促专业技术机构落实主体责任。五是强化打造产品高端品质。鼓励技术机构、社会团体和行业龙头企业发挥其技术优势，带动区域内整体行业发展，发挥其在标准研究方面的优势，在标准和技术方面给予一定指导，打造"三同"产品高端品质，逐步引导企业转型升级，为企业做好对标提标、品牌建设、认证认可体系建设等方面技术支撑。

（二）浙江省税务局推动内外贸一体化举措

浙江省税务局积极落实推进内外贸一体化建设的方针，在税收政策、大数据牵线服务、全球"最低企业税率"协议实施调研和服务等方面取得了较好的成效。

1. 全面落实相关税收政策

完善长三角区域一体化发展的税收征管服务措施，丰富区域税收征管一体化和办税便利化改革内容，形成更高质量更高水平的税收支持；聚焦服务外贸高质量发展，统筹推进出口退税无纸化管理、"非接触式"办税及"容缺办理"等多项便利化措施，进一步加快出口退税进度，切实提升外贸出口企业获得感；落实外贸综合服务企业代办退税政策，支持培育供应链平台企业，助力搭建内外贸同质同标的供应渠道；扩大综合保税区增值税一般纳税人资格试点范围，积极支持试点企业开展内外贸业务。

2. 依托税收大数据助力外贸企业拓宽内销渠道

浙江省税务局积极推动智慧税收建设，依托大数据、区块链等现代信息技术，提升税收数据分析能力，助力外贸企业拓宽内销渠道。一是线上问需，掌握内销难题突破点。依托"浙江税务征纳沟通平台"，向全省外贸企业线上推送"问需表"，了解企业销售产品类别，收集企业内销方面存在的困难，按照需求类型、行业类型、产品类型等不同维度进行梳理分类，形成需求明细汇总表。二是数据分析，找准供需信息对称点。应用"浙江税务大数据平台"，开展大数据分析，将外销商品信息与开具增值税发票的货物信息进行比对，匹配商品供需一致情况，形成供需对接清册。三是双向牵线，打通购销合作连接点。对照清册逐一开展沟通联络，及时掌握合作意愿，在确保商业秘密安全、供求双方均有意向的基础上，积极牵线搭桥、促成合作。

3. 针对全球"最低企业税率"的调研和服务

省税务局围绕全球"最低企业税率"对本土跨国企业经营和培育的影响这一课题开展了广泛的调研分析和支持服务。

2021年6月，七国集团（G7）就跨国公司纳税规则达成协议（以下简称G7协议），同意向跨国公司征收至少15%的企业所得税（即全球最低企业税率）；7月1日，130个税收管辖区（以下简称"辖区"）通过G20/OECD包容性框架发表《关于应对经济数字化税收挑战"双支柱"方案的声明》（已有132个国家同意），其中支柱二旨在设定全球最低税率；7月10日，二十国集团财政部长和央行行长第三次会议在意大利威尼斯闭幕并发布公报称，二十国集团支持跨国企业利润重新分配、设置全球最低税率等措施。

设置全球"最低企业税率"，会有效遏止大型跨国集团利用低税率地区转移利润和税收逐底竞争问题，将增加跨国企业的整体税负。根据OECD的测算，全球"最低企业税率"规则每年将产生约1500亿美元的额外全球税收收入。OECD提出全球"最低企业税率"的实施将包含收入纳入规则、低税支付规则和基于双边税收协定的应税规则，但大部分的具体技术细节需待2021年10月予以明确，预计全球"最低企业税率"规则将于2022年被各国引入法律，2023年生效。我国企业所得税实行全球征税原则，即对居民企业的全球所得征税。《企业所得税法》中"受控外国企业"条款规定，在符合一定条件的情况下，我国居民企业要对其境外子公司应分未分的利润申报纳税。全球"最低企业税率"规则的实施条件要宽于"受控外国企业"条款，若本土跨国企业将利润大量留在低税率地区，将面临母公司所在辖区补征税款的情形，企业税收负担会增加。

自协议公布以来，浙江省税务局通过实地走访调研、电话沟通等方式，主动对"走出去"企业和外商投资企业等共计60户跨国经营企业开展了调研和咨询服务。针对"最低企业税率"规则，近九成受访企业认为对集团自身影响有限，其关注的重点仍是税收确定性和国内税制变化，部分企业政策敏感度不高，对协议了解程度并不深。

下一步浙江省税务局将及时跟进税改方案，开展评估测算。持续跟踪关注国际税改进程，及时向税务总局汇报沟通，第一时间获取相关测算工具，充分运用税收大数据开展评估测算，为我国参与国际税改方案谈判和决策提供数据支持，为税务总局和省委省政府相关决策部署提供参考。在加大企业调研力度，了解涉税诉求的同时，加强税改宣传辅导，提高企业认识。持续关注"全球最低企业税率"规则发展进度以及落地情况，加强纳税辅导，提高企业认识，为跨国集团和"走出去"企业提供必要的合规风险提示，协助企业消除潜在涉税风险，降低企业税收负担。

（三）杭州海关推动内外贸一体化举措

杭州海关通过模式创新、监管创新、服务创新，积极探寻助力内外贸一体化企业的举措，具体包括：

1. 推进内外贸一体化便利化举措清单

实施"两步申报"通关模式。2019 年 8 月 23 日在全国率先开展进口概要申报、完整申报的"两步申报"通关模式改革试点。

简化报关随附单证。明确企业通过国际贸易"单一窗口"无纸化方式申报时，进口申报环节免予提交合同、装箱单，出口申报环节免予提交合同等商业单证。

减少锚地检疫。允许进口商申请后经评估符合条件的进境散装粮船直接靠泊检疫。

防疫物资优先查验。为保障防疫物资快速验放，坚决打赢疫情防控狙击战，帮扶企业复工复产，我关要求关区各关进一步提升查验效能，根据收发货人或者其代理人的申请，及时安排查验作业，对疫情防控、群众生活和复工复产的进出口物资，优先安排查验，做到随到随查。防疫物资主要入境口岸杭州萧山机场海关实施"7*24"无障碍通关。

实施"货主可不到场"查验。允许收发货人可以委托监管作业场所经营人、运输工具负责人等到场，或通过电子邮件、电子平台等方式告知海关不到场实施查验。及时转发总署公告，同时制定发布《杭州海关疫情防控期间"不到场协助海关实施查验"操作指引》，指导各查验现场落实该项措施。

实施进口货物"船边直提"，出口货物"抵港直装"。"船边直提"模式实现货物抵港后直接在船边卸货装车并提离码头，免去集装箱在港区的堆存与多次装卸环节；"抵港直装"模式实现了承运车辆直接驶抵货船泊位并吊装上船，减少了货物进码头后的拖车卸柜、码头堆存、堆场提离等环节。两种模式提升了货物通关效率，同时有利于码头发挥堆场资源效益，提高码头运转效能。

推广加工贸易内销税收担保。联系银行、保险公司、外贸企业，通过座谈会、电话、微信群等方式大力推广汇总征税业务，鼓励加工贸易等企业应用关税保证保险等担保方式办理税款类担保。

实现海关、港口查验调箱信息共享。加强与省口岸办对接，推动查验通知信息推送试点在嘉兴乍浦码头、舟山甬舟码头成功落地，海关的查验信息通过电子口岸直接发送到嘉兴港码头作业系统，码头收到需查验调箱信息后可立即安排调箱，海关也可即刻安排查验工作。

创新跨境电商进出口退货模式。针对企业退货成本高等"痛点"问题，杭州海关在全国范围内率先推出跨境电商零售进口退货新模式，帮助天猫国际、考拉海购等电商企业解决超退货期限商品退货难问题。相关经验做法今年成功入选国务院深化服务贸易创新发展试点"最佳实践案例"。

鼓励企业主动披露。对于主动披露少征或漏征税款且情节轻微的进出口企业，不作为案件移交，并依规减免滞纳金。

建设杭州海关"关企互动平台"。利用平台集成政策公告、问题线上收集、处置回复、短信通知等功能，线上线下结合，面向关区 14.8 万家外贸企业，多种渠道、第一时间收集和处置企业困难问题。

建立进口肉类绿色通道和进口肉类服务专窗。落实"7*24 小时"预约通关制，抽调食品检疫专业人员充实一线监管人力，做到检疫审批"当天办"，肉类查验"不过夜"，快速施检，快速出证，零延时通关。

优化大宗商品检验监管模式。进口铁矿、棉花监管方式由逐批抽样进行品质检验调整为依企业申请。在前期充分调研的基础上，向海关总署报送改革建议，推动海关总署发布《关于调整进口原油检验监管方式的公告》（海关总署公告 2020 年第 110 号），将进口原油检验监管方式调整为"先放后检"。

优化进口汽车零部件监管模式。对于涉及 CCC 认证的进口汽车零部件产品，检验时以采信第三方认证证书为主，原则上不再实施抽样送检，对于符合免予办理强制性产品认证的进口汽车零部件产品，实施"先声明后验证"便利化措施。

实施原产地"信用签证"。杭州海关原产地证书签证量位于全国海关系统第一，为进一步提高签证效能、便利企业，对辖区信用良好、管理规范的原产地签证企业，授予"信用签证"资格，针对 5 类未实现自助打印功能的证书，允许预先领取已预签发的空白证书，实现签证"一次不用跑"。

实施"企业注销便利化"改革。联合浙江省市场监管局、省商务厅、省税务局等多个涉企部门制定《浙江省优化营商环境企业注销便利化行动方案》（浙改办发〔2019〕41 号），共同建立浙江省企业注销网上服务平台，对企业网上注销申请信息进行整合，将 6 项申请材料精简为 1 张注销申请表，企业仅需在线填报，无需递交其他材料。杭州海关辖区进出口货物收发货人登录服务平台提交注销申请后，市场监管部门将申请信息发至海关，实现企业注销"一网"办理。

推出第四批共计 5 项支持浙江自贸区创新举措。在原有三批 56 项创新举措基础上，进一步推出外籍船舶设备外发修理、保税油品转让、进境粮食"散改集"、多船一供、进口"两步申报"改革等 5 项创新举措。

实施"优化审批服务"改革。在全省范围内，对"口岸卫生许可证（涉及食品、饮用水）核发""保税物流中心（Ａ型）设立审批""保税物流中心（Ｂ型）设立审批""从事进出境检疫处理业务的单位认定""出口监管仓库设立审批""保税仓库设立审批""海关监管货物仓储审批""出境动植物及其产品、其他检疫物的生产、加工、存放单位注册登记""进口可用作原料的固体废物国内收货人注册登记"等 9 项实施"优化审批服务"改革。

简化转关手续，支持海港口岸"一体两翼多联"发展。

深化市场采购贸易方式出口预包装食品试点，助力企业拓展国外市场。

组织进出口食品化妆品质量安全分析。收集境外法律法规、检验检疫信息及动物疫情、食品安全事件等风险信息，及时发布风险预警，帮助企业加强质量管控、应对贸易风险。

开展企业集团加工贸易监管改革试点。新模式突破了以单一合同或单一企业为单元的传统加工贸易监管模式，将同一集团内的企业视为一个整体进行监管，解决了以往保税料件难以在企业间流转的问题。纳入试点的企业集团，可以实现集团内多个成员企业间保税料件的自主存放和自由调拨流转，简化外发加工、内销等业务办理手续，减免部分环节担保。

优化出入境特殊物品检疫审批工作机制。积极推进特殊物品网上审批，简化审批手续，实现特殊物品卫生检疫审批"零次跑"。

积极参加高风险特殊物品国家准入制度制定工作。有效解决生物医药企业研发及生产所需大量的血液及其制品的相关需求，促进生物医药产业健康快速发展。

落实国家减免税政策。创新实施多元化税收担保方式，大力开展税政调研，帮助企业用好用足自贸协定优惠政策，切实为企业减负降本。

深化税收征管方式改革。全面推广自报自缴、电子支付，大力推广汇总征税、原产地证书智慧审签模式。

落实海关预裁定制度。为企业提供可预期的纳税筹划服务。

2. 推进国际合作相关举措

探索开展"安智贸"项目，促进双方贸易便利化。基于中欧安智贸试点项目合作经验以及杭州列日之间航空货运和跨境电商业务基础，以空运安智贸计划为切入点，推动符合双边海关要求和标准的进出口企业，尝试完善 AEO 或高资信企业认定标准，将制造商、贸易商、跨境电商和国际展览商等纳入，推动实现货物监管"三智"合作。

加强 AEO 企业培育。杭州海关加快推进 AEO 工作数字化改革，自主开发上线"杭州海关 AEO 企业培育系统"，提供 AEO 培育和认证"一站式"解决方案。系统功能涵盖企业自我评估、认证标准学习、线上一对一指导等培育全流程，实现企业认证申请"零跑腿"、材料申报"云上办"，同时通过多重加密措施保障企业档案数据安全。自 2020 年 8 月上线运行以来，已有百余家企业通过"企业培育平台"接受 AEO 培育，其中八成企业已顺利通过认证，整体培育时间较传统方式缩短 50% 以上。同时海关与地方政府部门在 AEO 企业联合培育、联合激励方面的合作不断深化。将 AEO 高级认证企业培育工作纳入地方工业激励政策，引导企业主动提升进出口诚信守法水平；紧密结合各地特色产业，将培育工作向重点头部企业产业链、供应链上下游辐射，精准实施"链式培育"，推动行业整体合规，一企带一链，一链促一行；优化创新培训模式，开发小班化、互动型"定制网课"，从企业视角打造高质量课程内容，采取线上＋线下的模式，开展情景化教学，指导企业高效开展 AEO 认证准备工作。

积极助推中比签署加强供应链互联互通合作的谅解备忘录。该备忘录指定杭州海关与比利时列日海关开展"点对点"关际合作，有效推进中欧进出口贸易便利化。

（四）浙江省地方金融监管局推动内外贸一体化举措

浙江省地方金融监管局为内外贸一体化企业服务举措体现在加大信贷支持、推动出口信保、创新金融产品、开展金融综合服务等方面，具体包括：

1. 加大内外贸信贷支持力度

推动相关中央金融机构围绕内外贸一体化发展，加大信贷供给。2021 年 1-6 月，进出口银行浙江省分行累计实现信贷投放 768.22 亿元，同比多投 107.72 亿元；期末本外币贷款余额 1882.47 亿元，较年初新增 168.61 亿元，增幅 9.84%；外贸产业贷款余额 838.46 亿元，较年初新增 77.46 亿元，增幅 10.18%，贷款余额占比 44.54%；对外贸易贷款余额 780.57 亿元，较年初新增 71.69 亿元，增幅 10.11%，余额占比 41.47%。中国银行浙江省分行在内外贸企业相对集中的批零行业投放贷款余额总计 477 亿元，同比增加 60 亿元，增幅为 14%；投放企业总数为 3072 家，较上年同期新增 1098 家，增幅为 56%。

下一步还将持续推动金融机构加大金融支持力度。推动省内金融机构积极向上争取金融资源倾斜，加大资源投入；加强产品创新，优化融资流程，实现融资质量、效率双提升；强化业务协同，加强银保联动，探索内外贸背景下信保融资要求一致性，有效帮助企业增信，提升融资可获得性；积极探索将出口交单和相关融资服务相结合，实现出口交单、融资、托收等一站式服务。

2. 充分发挥出口信保作用

积极推动出口信用保险公司浙江分公司履行政策性职能，充分发挥出口信用保险的全产品联动作用，助力浙江省内外贸一体化发展。截至2021年上半年，累计承保支持国内销售额达112.8亿元，同比增长25.6%，有力支持企业用好国内市场国内资源；短期险服务支持浙江省出口企业约2.5万家，累计为出口企业提供短期险保单融资额123.3亿元，同比增长123.9%；承保浙江省外贸出口429.7亿美元，同比增长24.5%；前5个月承保渗透率28.4%，超全国平均水平6.9个百分点；承保规模在全国占比13.1%，高于同期浙江在全国出口占比2.9个百分点。

3. 大力推进内外贸金融产品创新

为有效解决内外贸一体化发展中回款慢、账期长、融资难等难题，各金融机构不断加强产品创新，打通金融"瓶颈"。如杭州银行针对"内转外"企业推出出口易贷、杭信贷、一键汇、跨境电商收结汇、市场采购联网信息平台线上结汇等融资、汇款、结汇产品，大幅降低了企业授信难度，提高了企业融资速度和业务办理便利度；针对"外转内"企业推出商票保贴/保押、云e信融资、资产管家、政采贷等产品和服务，降低了企业财务成本，缓解了企业流动资金占用问题，并提升了企业流动资产管理效能，其中，资产管家产品目前已服务超1000家企业客户，融资规模达288亿元。浙商银行创新推出"涌金出口池"，解决外贸企业流动性需求，目前已服务出口企业约5000家，客户累计办理入池融资210亿美元；创新推出"出口池链通"，解决外贸企业上下游结算和融资需求，截至2021年6月已累计为出口企业"出口池链通"模式项下应收款链保兑近30亿元；创新推出"进口池融通"，帮助进口企业打通内外贸、本外币业务。

4. 积极开展金融综合服务

2021 年上半年通过开展金融顾问、金融三服务等专项金融服务，已为全省 8.06 万家外贸企业提供专业金融咨询服务。创新实施金融支持浙商境内外双循环一体化发展行动计划，印发实施工作机制，扩大试点覆盖面。

下一步将重点加强对外贸新业态新模式发展的支持。鼓励金融机构紧跟对外贸易发展新趋势，针对市场采购贸易、外贸综合服务、海外仓等新业态新模式的特点和金融需求，创新完善金融服务方式，推动新业态新模式健康发展。着力解决跨境电商等外贸新业态企业跨境资金结算难、融资难的突出问题，打造涵盖本外币、境内外、线上线下的结算和融资等产品和服务在内的综合金融服务体系。

5. 推进内外贸一体化发展数字赋能

鼓励金融机构探索运用区块链、大数据、人工智能等新兴技术持续推进线上融资渠道的搭建和优化，不断提升内外贸一体化企业融资服务的客户体验以及管理效率。推动金融机构持续优化业务流程，简化内外贸相关融资业务的单据要求，并通过结构化的数据实现纸质单据的替代，有效降低内外贸企业的人工成本。今后计划与税务、海关、物流、银行、保险等部门合作，通过搭建第三方平台的方式，加强信息共享。一是为出口企业提供便捷的买家资信查询服务，以降低出口企业经营风险，保护企业切身利益。二是为金融机构提供买家资信情况及贸易真实性评估数据服务，便于对金融机构为企业提供贸易融资、保单融资和保险理赔等服务进行信息支撑。

三、省市联动探索内外贸一体化创新发展

浙江省各地市发挥地方首创精神，建立揭榜挂帅机制，鼓励各地抓好一体化创新。发挥基层首创精神，鼓励宁波、嘉兴、永康、玉环等地县市，围绕一体化发展产业示范区建设、主体培育、公共服务、产品认证等方面，大胆搞好改革创新，为全省内外贸一体化发展探索积累经验。

表2-1　地方政府探索内外贸一体化主要做法

地方案例	主要特色
宁波市	"主体引领"型内外贸一体化模式。大力扶植企业加强自有品牌建设，实施"同线同标同质工程"，鼓励企业提升供应链建设管理能力，加强金融支持与人才服务，设立激励机制，激发市场主体活力，带动内外贸一体化整体发展。
嘉兴市	"集聚发展"型内外贸一体化模式。以建设"世界贸谷"为抓手，围绕"创新服务平台双向赋能、进出口贸易双向交易、长三角一体化双向互联、国际资本双向流通、供应产业链双向促进"五个板块打造"立足长三角、链接海内外"双循环内外贸一体化黄金枢纽区。
永康市	"平台带动"型内外贸一体化模式。通过打造"线上＋线下"双平台集成化竞争优势，建立"政策＋平台"集约化公共服务，搭建产销对接平台促成"八进"格局，推进外贸企业开拓国内市场产业示范区试点建设，促进内外贸一体化发展。
玉环市	"产业拉动"型内外贸一体化模式。以汽车产业为重点，通过产业链全链整合、空间集聚，打造汽车后市场产业园；通过数字赋能，打造数智创新中心、集采运营中心，打造跨境商贸中心的"一园三中心"产业发展格局，畅通内外贸一体化双循环。

（一）宁波为代表的"主体引领"型内外贸一体化模式

1. 宁波市内外贸一体化发展基础

在内外贸一体化方面，宁波具备良好的基础，首先，市场经营主体数量多，全市进出口实绩企业1.6万家，服务外包企业300家，外资企业1.6万家，备案境外企业和机构2453家，商贸流通企业近20万家。其次，社会消费品零售规模大，自营货物进出口总额连续三年超过千亿美元，内外双向投资增长显著。再次，宁波是全国首批跨境贸易电子商务试点城市，第二批全国跨境电子商务综合试验区试点城市，形成了以宁波保税区为主，栎社保税物流中心、栎社机场物流园区、海曙跨境电子商务产业园、江北电商城为辅的"一点多面"的集聚发展格局。最后宁波企业在各类平台活跃度高，企业参加广交会、华交会、东盟博览会等境内涉外展，以及墨西哥展、大阪展、马来西亚展等境外展，并且有进口商品展示交易中心、进口商品常年展、余姚塑料城等专业市场。

2."主体引领"型内外贸一体化模式基本思路

宁波在市场主体基础、产业链格局、市场主体活跃度都有较大优势的基础上，围绕市场主体推出强有力的激励政策，以通过系列举措大力扶持内外贸企业和产业链相关主体发展，帮助企业推品牌、提标准、搭平台、扩渠道，以市场主体带动内外贸一体化发展，形成"市场主体引领"型内外贸一体化模式。

宁波在加快培育市场主体方面，建立跨国经营的企业数据库和评估体系，出台针对性的扶持政策，加大本土跨国公司培育力度；组建若干家由政府引导、市场化运作、集内外贸一体化、产供销一条龙的大型商贸集团；推动工贸联合，支持现有工贸公司成长壮大，成为超大型工贸流通集团；鼓励有条件的企业加快组建企业联盟，围绕外贸企业专项内销和内贸企业"走出去"拓展国际市场的两个方向，抱团参与全球市场竞争。

在促进境内外市场一体化方面，发挥服务贸易、跨境电商、冷链物流在打通内外市场方面的功能，通过推进国际消费中心城市建设、贸易便利化试验区等，实现内外市场的有效对接；与长三角四省（市）加强协调联系，按照各自比较优势规划发展市场，合力构筑开放有度、竞争有序、结构合理、统一高效的长三角大市场；借力宁波都市圈建设，构建一体化的市场体系，实现甬、舟、台三地优势互补、借力借势、协同开放。宁波将加快构筑发展平台。借鉴义乌模式，以甬商所、余姚塑料城等为重点，围绕大宗商品、资源性短缺产品等，建设一批专业市场，形成区域性乃至全国性内外贸产品集散中心；利用宁波制造业优势，依托国内海关特殊监管区域的开放优势和会展之都的城市功能，积极探索组建国际采购中心；坚持"引进来"与"走出去"相结合的方针，有计划、有步骤地推进双向合作园区平台建设；借鉴北京、黄山等地建立"三同平台"做法，引导和扩大外贸产品、品质和标准进入国内消费，在各类境内外展会推出宁波"三同产品"专用展位，加快外贸产品内销步伐。同时完善政策法规，以争创国家级内外贸一体化发展试验区为目标，开展重点领域、关键环节先行先试改革，重点探索开展中东欧综合试验区、内销选择性征收关税试点、大宗商品保税交易改革试点等工作，为国家推进商贸流通领域改革迈新步、探新路。

3. 宁波的内外贸一体化扶持政策

（1）支持企业加强自有品牌建设。引导外贸企业增强品牌意识，提升品牌建设能力，推动"OEM"企业向"ODM"企业转化，"ODM"企业向"OBM"企业提升。对新获得国家"驰名商标"（行政认定）的外贸企业，给予一次性不超过 50 万元的奖励，对外贸企业新认定为"品字标"品牌认证企业（制造业类）、浙江省商标品牌示范企业的，给予一次性不超过 30 万元的奖励；对外贸企业（制造业类）通过自我声明方式新获得"品字标"授权的，给予一次性不超过 20 万元的奖励；对外贸企业（非制造业类）通过"品字标"认证或自我声明的，给予每家不高于 10 万元的补助（通过转化获得"品字标"品牌授权的不予补助）。对"品字标"外贸企业在国家级官方媒体或省级电视台上开展品牌宣传的，给予合同金额 20% 的补助，最高不超过 10 万元。加大外贸企业知识产权保护力度，着力解决侵犯商业秘密、商标恶意抢注和商业标识混淆不正当竞争、专利侵权假冒、网络盗版侵权等问题，并依法加大惩治力度，加强行政执法与刑事司法衔接，形成治理侵权假冒行为工作合力。

（2）推动实施"同线同标同质"工程。将"三同"产品适用范围扩大至一般消费品、工业品领域。允许企业以"三同"自我声明承诺，并在商品或包装上标注"三同"标识的方式进行销售（法律法规政策另有规定的从其规定）。鼓励区县（市）开设"三同"产品示范馆（"三同"产品示范店），开展"三同"产品系列宣传活动，探索建立"三同"产品知识产权纠纷多元化解决机制。对于高端三同产品投资规模在 1000 万元（含）以上的技改项目，符合相关扶持政策且列入市级重点扶持计划的，按照不超过实际投入总额的 15%、最高 2000 万元给予补助。

（3）支持企业提升供应链建设管理水平。鼓励外贸企业利用数字化技术手段，转变业务模式、组织架构、运营流程和管理体系，加快推进供应链数字化转型，提升自身竞争力。扶持培育一批年销售额大、内外贸业务并重、处于供应链核心的双循环示范企业（具体认定办法在《关于鼓励外贸企业开拓国内市场促进内外贸一体化实施细则》中明确），支持其搭建数字化供应链平台，为上下游企业提供贸易、物流、仓储、金融、信息等"一站式"服务，构建高效共赢的供应链生态圈。对每家双循环示范企业，成立"一对一"服务专班，建立市和区县（市）两级常态化"三服务"工作机制，给予"一事一议"综合扶持政策。

（4）支持企业扩大内销规模。鼓励外贸企业积极开拓国内市场，对上年度出口额超过 1000 万美元的外贸企业，当年实现国内商品销售额比上年增量超过 1000 万元的，按照企业国内销售额年增量 2% 的比例给予奖励，最高不超过 200 万元。同时鼓励商场、超市销售外贸产品，对进入外贸专柜（区）的企业，鼓励商场、超市实行"多费合一"。对出口额在 1000 万美元以上、之前从未在国内开设门店的外贸企业，对其新开设的前 3 个门店，每个门店实际投入费用（仅限房租、装修费用）超过 10 万元的，按照实际投入费用的 20% 给予补助，每个门店最高不超过 50 万元，单家企业累计不超过 150 万元。

（5）支持外贸企业参加展会。对参加境内专业性展会的外贸企业，展位费按不高于 50% 支持，且单个标准展会最高支持 0.8 万元。每家企业年度展位费支持总额最高不超过 20 万元。同时积极鼓励办展企业（机构）多办展、办好展，更好地服务外贸企业开拓国内市场，提升市场占有率。对于符合条件的新办展会，贸易类展会前四年（届）以展览面积 8000 平方米补助 32 万元为起点，每增加 2000 平方米增加补助 8 万元，最高不超过 200 万元；消费类展会前四年（届）以展览面积 12000 平方米补助 23 万元为起点，每增加 2000 平方米增加补助 3 万元，最高不超过 80 万元。四年（届）后，按相关规定给予递减补助或奖励。

（二）嘉兴为代表的"集聚发展"型内外贸一体化模式

1. 嘉兴市内外贸一体化发展基础

嘉兴市依托长三角一体化发展、长江经济带发展和"一带一路"建设三大国家战略发展机遇，处于"双循环"中链接内外的前沿阵地，作为"桥头堡"的地位突出，规模能级和城市品质不断提升，互联互通的大城市格局正日益成熟，综合性优势不断凸显。同时，随着省级高质量外资集聚先行区深入建设，各类高端要素加速向嘉兴聚拢，超百亿级大项目、超亿美元产业项目纷至沓来。现代纺织、汽车制造、消费电子、智能家居等产业蓬勃发展，形成了门类齐全的产品体系，成为长三角进出口商品双向流通的重要"引力场"，内外贸一体化建设具备得天独厚的基础优势。

2. 基于"世界贸谷"项目的"集聚发展"型内外贸一体化模式

嘉兴以"打造世界贸谷、形成五大板块、实现双向融合"为目标，以"世界贸谷"项目为载体，建设"立足长三角、链接海内外"的内外贸一体双循环集聚化黄金枢纽区，探索内外贸一体化格局的嘉兴样板。"世界贸谷"项目由嘉兴市人民政府统筹，市商务局牵头负责，建立由中国轻工业行业协会、中国机电产品进出口商会、省现代商贸企业服务中心、上海中小企业国际合作协会、市商务局、嘉服集团等理事会成员，实行理事会领导下公司化运作。公司由上海国资东浩兰生公司、国贸云商和嘉服集团联合控股，并吸收诸多国内有实力的股东共同组成。按照"政府引导、市场运作、社会参与"方式，充分发挥资本市场的力量，依托基金小镇平台，通过众筹方式设立世界贸谷投资基金，进一步提升融资效率，夯实项目资金基础。

3. 嘉兴的内外贸一体化业务板块布局

基于"世界贸谷"项目，嘉兴市通过"生产、分配、消费、流通"的系统性闭环运营，形成内外贸一体布局，集聚区计划打造"产品展示、信息发布、投资洽谈、合作交易、用户体验"五位一体的高端资源要素循环的交易平台及双循环数字应用中心。主要有五大业务板块组成：

（1）创新服务平台"双向赋能"板块。利用国内外两种资源，吸收行业内多个跨国机构和协会支持，为企业提供对外贸易、技术合作、招商引资、金融投资等服务。具体包括：第一，品牌服务中心，支持服务箱包、服装等行业龙头企业注册商标或收购品牌，全过程进行品牌策划培育，加强与下游生产型企业合作；通过与阿里、网易考拉、抖音等合作，开展线下选品展示、线上产品展销，打造区域"共享品牌"。引入中欧地理标志"中欧 100+100"（中国和欧盟政府层面互认的两国各 100 个地理标志产品）。第二，出口商品（多语种）直播基地，搭建多语种电商直播平台。第三，涉外商事服务单一窗口，开设商事法律服务热线，引进涉外律所，定期举办法律培训，设立产业损害预警监测点，以备及时开展法律救助活动。第四，金融信保服务，引入外资银行、联合中信保等机构为企业提供（国内 / 国际）信用主体资信评估、咨询服务。第五，"双循环"指数发布平台。联合清华大学、浙江大学等知名高校，以及中国机电产品进出口商会、清华长三角研究院、浙江省商务研究院、阿里、敦煌网等智库机构，发布数字贸易指数、开放发展指数、行业景气指数、商品价格指数等。

（2）进出口贸易"双向交易"板块。依托嘉兴自贸区联动创新区和跨境电商综试区平台优势，主动承接进博会溢出效应，聚焦生活消费、生产资料物料、先进技术装备等商贸资源，通过国家机电、轻工等行业协会合作，常年举办各行业商品展览会、项目推介会、产品发布会，引导国内外优质商品资源、采购商资源向"世界贸谷"集聚。建立进口商品展示展销基地、大宗货物交易基地、外资企业展示采购平台、传统产业出口展示展销平台、国际旅游线路发布平台、国际留学信息发布平台。同时，搭建线上展示交易平台，实现 365 天永不落幕的进出口商品交易会。

（3）长三角一体化"双向互联"板块。发挥嘉兴地处长三角核心区的地理优势，在"世界贸谷"创建长三角城市内外贸一体化双循环合作联盟，吸引长三角地区商业协会、内外贸协会等跨地区协会入驻，每年组织长三角城市轮流开展产品、技术等集中展示，破解各类资源要素流通壁垒，推动区域之间更为紧密的经济协作。开展长三角城市商品主题展、长三角进出口商品交易会，建设长三角商品国际采购平台。

（4）国际资本"双向流通"板块。抢抓 RCEP 和中欧投资协定完成谈判的机遇，加强与日本、韩国、新加坡和欧洲发达国家产业合作，引进优质产业项目和绿色生产方式，共建绿色低碳园区，全面深化高质量外资集聚区，打造世界 500 强集聚地。展示我国在境外建设的主手工业园区，帮助企业"走出去"参与"一带一路"建设和国际合作。建设"中日韩新"近岸循环示范区、中欧（嘉兴）投资合作绿色引领区、省级"一带一路"境外经贸园区。

（5）供应链产业链"双向促进"板块。按照纺织服装、紧固件、箱包等传统产业转型需求，整合海内外先进技术、产品设计、供应链配套等资源，畅通产业要素循环，加快推动产业链向两端延伸，提升产品附加值。建设高新技术合作平台、新业态新模式展示平台、供应链管理平台和生产性服务业平台。

（三）永康为代表的"平台带动"型内外贸一体化模式

1. 永康市内外贸一体化发展基础

永康是全国闻名的中国五金之都，是"全国百佳产业集群"——永武缙五金产业集群的核心区，有着强大的创业基因、雄厚的制造基础、庞大的销售网络，其中防盗门、电动工具产量和出口量均占全国的 1/2 以上，保温杯（壶）产量占全国的 55% 以上，不锈钢保温杯、园林工具、电动工具出口量居世界前列。同时，"线上浪潮经济"让永康成为全国"制造业 + 电商"融合发展的典型代表，网络零售额位居全省前列，连续 5 年位列全国县域电商前三位，是全国农村电商十大典型市。

2."平台带动"型内外贸一体化模式基本思路

永康市秉持"大数据 + 新零售 + 品牌基地"的理念，着力打通研发、设计、制造、营销全链条，完善内外贸融合发展公共服务体系，培育国际国内市场合作和竞争的新优势，成为浙江省唯一的"外贸企业开拓国内市场产业示范区"。通过充分发挥工业经济实力强、五金产业集聚的优势，大力推行"创品牌、优服务、练内功、拓渠道、促转型、搭平台"六大举措，深入推进"外拓内"试点开展，重点探索内外贸融合发展平台载体和方法路径，通过构建内外贸融合发展平台推动内外贸一体化发展，产生了"平台带动"型内外贸一体化模式，为全省外贸企业开拓国内市场提供可复制可推广的经验。

3. 永康的内外贸一体化举措

（1）"线上＋线下"双平台打造集成化竞争优势

创新"直播机构＋电商平台＋主播＋商家"模式，鼓励企业构建"实体店＋电商＋物流"模式的新型运营格局，将线上服务、线下体验、现代物流运输三者有机结合，开辟新零售渠道，获取竞争优势。

在线下内外贸一体化平台构建方面，永康市谋划推出世界五金精品展示馆，引进世界知名五金品牌，引导企业抢占标准、质量制高点，推进"工业＋文化＋旅游"一体化融合发展，助力永康打造工业旅游"迪士尼"。永康市将窗口前置，启用上海"中国五金大厦"科创飞地，谋建杭州、深圳飞地，打响"七都一城"国字号区域品牌，打造"世界五金之都"品牌形象窗口。改造消费体验中心、电商物流园区等下沉市场新载体，组织开展"百场展会拓市场"等活动，依托境内展会载体对接全国经销商，通过各行业协会组织外贸企业积极参加境内展会，仅永康市内每年就举办境内展会37场次，如中国五金博览会、中国国际门业博览会、中国文教用品博览会、电动工具园林工具配件展等，以展会作为窗口，帮助永康外贸企业对接全国各地买家，加快企业开拓国内市场步伐，有效为外贸企业开拓国内市场打开新的大门。

在线上内外贸一体化平台构建方面，永康市政府与阿里集团签署永康—阿里深度合作协议；阿里巴巴授予永康市电子商务公共服务中心"阿里巴巴商家服务中心"、授予中国科技五金城集团"阿里巴巴电商选品基地"。同时加强与京东、天猫、国际站、谷歌、FACEBOOK等知名平台合作，落地本地化服务，同时鼓励外贸企业组建电商团队或与专业代运营商合作，引导外贸企业借助直播带货、短视频宣传等方式，线上线下同步展示和销售优质出口产品，推动内销品牌化、品牌集群化。

（2）"政策＋平台"模式建立集约化公共服务

永康构建了"三中心一平台"公共服务体系，通过"政策＋平台"模式提升内外贸一体化营商环境。

一是搭建永康五金产业创新服务综合体。聚焦外贸企业转型升级的设计、研发需求，筹备搭建创新综合服务区、智能制造服务区、科技信息服务区、创新成果综合展示区，进一步提高外转内企业的信息化、智能化水平，构建"产学研用金、才政介美云"十联动的创业创新生态系统。

二是升级永康市电子商务公共服务中心。精准对接传统外贸企业转型电商的品牌营销和公共服务需求，全力提升改造电子商务公共服务中心，配套培训中心、孵化工位、电商大数据中心等，引进专业服务商入驻，全方位导入服务资源，向镇、村两级辐射。截至目前，该中心已累计开展社交电商相关培训40余场，培训人次2000余人。

三是构建五金之都直播中心。聚焦传统外贸企业寄希望于借助社交传媒打破国内市场壁垒的迫切需求，紧抓直播电商风口，下大力打造中国五金直播中心、永康网红直播共享中心、"直播电商+物流仓储"中心、城西网红直播基地等多个直播基地，建立直播间超500间，为外贸企业营造最优直播电商生态圈。

四是建设永康市知识产权服务平台。着眼外贸企业开拓国内市场知识产权保护需求，启用金华首个知识产权服务平台，引入实地进驻专利、商标中介服务机构5家，建立深度联系机构23家，储备知识产权专家51位，为外贸企业提供扶持政策传递、品牌咨询、创牌指导、服务机构对接、侵权预警、维权援助等知识产权培育、运用、管理、维权一站式服务，截至目前，已为超1000家外贸企业提供品牌咨询引导，共360家企业完成品牌创建或升级，有效注册商标达8.8万件，专利授权量突破3.8万件。

（3）搭建产销对接平台，全面打造"八进"格局。永康市积极为外贸企业拓宽国内销售市场，贯彻落实"浙货行天下"行动，紧盯全国销售市场网络，开展"北上""南下""东进""西拓"多向拓市，形成"永康五金销全国"生动格局。启动"云购五金优品，畅享永康品质"系列活动、举办"永康质造直播带货节""永康数字生活消费节""全国好货看永康"，2021年促成交易额超10亿元。同时，通过构建"八进"格局，即推动外贸企业进市场、进酒店、进景区、进农村、进商超、进平台、进政采云、进直播间，密织国内销售网络，多维度拓宽外贸企业销售渠道。积极鼓励外贸企业申报浙江省级工业旅游示范基地，联合阿里、京东、拼多多等知名平台，开展数字贸易资源对接活动，开辟企业入驻绿色通道，帮助传统外贸企业转型升级；打通出口转内销链条，为外贸企业提供从商标注册、市场营销、网店代运营到售后服务的综合体一站式服务；建立外贸企业开拓国内市场企业示范点，以行业为单位，借助行业协会力量，分线推进，加强外贸企业融入国内产业链典型培育，鼓励外贸企业围绕产业链与行业龙头企业开展专业化协作，助推外贸企业全面融入国内市场。目前，已有 1 家集聚外贸产品的市场和 2 家外贸企业成功申报省级工业旅游示范基地，外贸企业应用电子商务的占 68%。以飞哲工贸为代表的外贸企业，能够主动对接苏泊尔等国内行业龙头企业，开展业务转型。

（四）玉环为代表的"产业拉动"型内外贸一体化模式

1. 玉环市内外贸一体化发展基础

汽车零部件产业是玉环市第一大产业，是第一个获得"中国汽车零部件产业基地"称号的县市，被业内誉为中国南方最大的汽车零部件生产基地。该市现有 4180 家汽摩配企业，年产值近 500 亿元，生产的 70% 以上汽车零部件供应给汽车后市场（汽车维修、零配件更换、二手车交易等市场），份额约占全国市场的 10%，是"中国汽车零部件出口共建基地"。拥有双环传动、正裕工业、浙江利中、浙江金辉、环方电器、普天单向器、宇太精工、浙江骆氏、易宏实业、中兴减震器、玉环津力、奥星纳机械、江宏机械、浙江正奥、台州宏鑫曲轴等一批汽车零部件知名企业。

2. "产业拉动"型内外贸一体化模式建设思路

2021 年以来，玉环市以承接内外贸一体化试点为契机，通过打造汽车后市场产业园、数智创新中心、集采运营中心、跨境商贸中心的"一园三中心"产业发展格局，突破品牌、渠道、资金、标准等制约瓶颈，畅通双循环，以汽车零部件产业的内外贸一体化为核心发力点，以汽车行业辐射全市内外贸一体化发展，双循环成效初显。2021 年一季度，玉环市汽车零部件行业外贸出口增速超过 60%，内贸销售增速达 100%，内外贸一体化企业数量占比由 15%

提升到 28%。

3. 内外贸一体化主要举措

（1）全链整合打造汽车后市场产业园

以控制臂、减震器等汽车底盘件为主要品类，集聚一批行业领军企业，重构产业链、供应链、服务链，打造省内首个汽车后市场专业化产业园，提升汽车零部件行业内外贸一体化竞争力。一是培育冠军型"链主工厂"。出台《汽车零部件产业全链集成改革方案》，培育具有全球竞争力和供应链控制力的"链主工厂"，带动全行业企业融合发展。如培育并通过 10 亿元的减震器行业龙头企业浙江正裕工业股份有限公司入驻产业园，仅 3 个月就带动产业链上的 8 家企业产值增速超 30%。二是推广示范型智能工厂。加大对机器换人的政策支持力度，积极推广建设系统集成、人机交互、柔性制造的智慧车间，实现设备、生产线、车间智能化运作，打造 20 余家"智能工厂"。如上汽大众供应商浙江汇丰汽车零部件股份有限公司打造的"吸能式转向系统智能工厂"，运用智慧系统，实现设计、分解、采购、生产全流程智能化管控，入选省智能工厂名单。三是开发协同生产共享平台。依托阿里巴巴、亚马逊等技术支撑，搭建"玉配网"协同平台，链接汽车后市场企业，创新推出"平台接单、按工序分解、多工厂协同"的共享制造模式，实现行业内订单优化、弹性匹配，提升产业供应链聚合度。四是配备高效服务综合体。建设省级汽车零部件产业创新服务综合体，设立知识产权快速维权中心，打造品牌培育、标准制定、项目孵化、金融支持等一体化服务平台，帮助企业突破技术、资金等发展瓶颈。如在上海嘉定成立汽配产业科创飞地，已制定发布国家及行业标准 40 余项，通过推出"玉贸贷 2.0"专项贷款产品，有效降低企业 10%—20% 的融资成本。

（2）数字赋能打造数智创新中心

在玉环南湾智谷建设汽车零部件产业数智创新中心，依托华为在云计算、大数据、5G、人工智能、区块链等领域的技术和资源，推动汽车零部件产业数字化转型。一是"产业大脑"把脉行业。投资 2 亿元建设汽车零部件产业数据中枢系统，通过整合政府端的"订单＋清单"、金融保单等数据和企业端的全产业链数据，形成产业链地图，建立360度动态企业画像、产业全景图谱、运行态势感知、精准诊断评估四大功能体系。二是"贸易云"平台数据引流。依托产业大脑，重点开发"贸易云"平台，导入玉环1700余家汽车零部件企业产能数据，构建线上一体化运营体系，有效整合企业"人、货、款、客、店"全要素信息。三是"未来汽车"网联化转型。以承接华为车BU（智能汽车解决方案独立部门）研发成果为突破口，导入智能汽车零部件制造标准体系，进行技术攻坚，推动汽配核心零部件模块化、轻量化、网联化、智能化升级，加速融入智能网联化未来汽车产业趋势。

（3）线上线下打造集采运营中心

一是集采集销，搭建专业垂直电商平台。引进快准车服等专业平台，在玉环设立集采集销中心，发展"集中采购——区域总仓——线上平台——线下服务站——修理厂"商业模式，通过政府政策引导、平台集中采购等方式，打造玉环汽配"前置仓"，实现玉环汽车零部件"家门口"销售。二是产销协同，建设区域物流集散仓。引进现代制造专业服务商实达实集团，打造区域物料全品类采购中心，实现企业供应端零库存。投资10亿元，建设占地面积290亩的网营物联智能供应链区域运营总部项目，为玉环汽配提供仓配一体化、智慧物联、供应链金融等整体解决方案，降低企业销售仓储成本。三是品牌推广，探索汽配超市模式。以头部企业为主导，建立统一产品标准，通过政府背书，大力推广区域品牌，并探索汽配超市连锁经营模式，为采购商、维修厂提供标准化、全系列、全品类的产品。如正裕工业借鉴美国AUTOZONE.PEPBOYS等汽配超市模式，已在国内10余个城市布局门店15家。四是精准对接，筹办国字号行业峰会。筹办首届中国汽车后市场峰会暨汽车零部件供采对接会，邀请采埃孚、博世、大陆集团等大型采购商及全国100多家汽车后市场领域经销商、渠道商、维修商和专业服务商，与玉环汽车零部件企业现场对接，畅通供采合作渠道。

（4）内外布局打造跨境商贸中心

一是发挥外向优势，建设跨境电商智慧物流园。依托浙台（玉环）经贸合作区和网营物联区域总部，建设跨境电商货物仓储、配送、分拨中心及配套的查验中心、理货平台，并引进小笨鸟、中非经贸港等外综服平台，打造服务闭环、管理智能的跨境电商产业物流基地。二是整合区域资源，建设杭州玉环跨境电商运营中心。联合 58 企服，在杭州滨江区建设玉环汽车零部件跨境电商运营中心，着力孵育一批行业电商龙头企业。三是借助三方平台，建设海外展销基地。与杭州天众供应链公司合作，依托美国新星自贸区，在美国纽约州建设海外汽车零部件展销中心，打造展、仓、贸一体化服务链。展销中心建有展示厅、分拨配送区、公共海外仓、批发市场和零售网点，并开设线下专业展会、线上云对接、场景式滚动直播等活动，进一步提升跨境数字购物体验。

本章参考文献：

[1] http://zjzd.stats.gov.cn/zwgk/xxgkml/tjxx/tjgb/202203/t20220301_104526.html
2021年浙江省国民经济和社会发展统计公报

[2] https://zcom.zj.gov.cn/art/2022/1/10/art_1229268089_2389040.html 浙江省商务厅等
16 部门关于印发加快推进内外贸一体化发展若干意见的通知

[3] https://zcom.zj.gov.cn/art/2022/9/19/art_1229267969_4997744.html 浙江省外贸工作
领导小组关于印发浙江省对外贸易主体培育行动计划（2022-2025）的通知

[4] http://swj.ningbo.gov.cn/art/2021/10/14/art_1229051956_1699068.html《关于鼓励外
贸企业开拓国内市场促进内外贸一体化的若干意见（试行）》政策解读

[5] https://zj.zjol.com.cn/news.html?id=1524743 永康牵手阿里打造数字贸易高地 外贸
企业开拓国内市场产业示范区试点建设同步启动

[6] https://www.chinatradenews.com.cn/epaper/content/2021-06/17/content_72958.htm 内
外贸一体 永康五金争做美好生活供应商

[7] https://www.zj.gov.cn/art/2021/7/14/art_1554470_59122519.html 内外贸一体化的"玉
环样本"：打造市域一体化汽服新标杆

第三章

企业实践内外贸一体化的困惑与需求

为贯彻落实国家"十四五"规划及全国、全省商务工作会议精神，按照勇当构建新发展格局开路先锋的要求，加快推进省域内外贸一体化进程，2021年，在省商务厅牵头下，采用实地调研、企业座谈、问卷调查等方式对全省5245家外向型企业开展专项调研，调研对象遍布11个地市，覆盖纺织服装、机电、高新技术、农业、轻工业等行业。本次调研重在了解浙江省企业对内外贸一体化的理解认识、实施现状，梳理浙江省推进内外贸一体化的制约因素并提出施策建议，以供决策参考。

一、浙江企业推进内外贸一体化现状

（一）浙江企业对内外贸一体化的理解

省内近八成外向型企业对内外贸一体化认识不清晰，超六成企业推进意愿不强，外向型企业对内外贸一体化工作关注度有待提高。在5245家受访企业中，仅1025家企业充分了解内外贸一体化，占比不足20%，完全不了解的企业有1142家，占比21.77%；3078家企业概念模糊。不同行业理解程度有差距。机电与高新技术企业充分了解内外贸一体化占比偏低。农产品出口企业充分了解比例最高，达到27.27%。2016年"三同"工程率先在食品农产品领域推动发挥了积极作用，全国已有近3000家食品农产品出口企业入驻"三同"公共信息服务平台。

推进意愿方面，超六成企业目前没有推进计划。受访企业中计划开展内外贸一体化的企业有1331家，占25.38%；已开展内外贸一体化实践的企业仅595家，占11.34%。2020年浙江省出口表现良好，64.35%的受访企业去年出口与内销的比例相对稳定；10.42%的企业出口比例不降反增。因此，现阶段企业并无出于纾困推进内外贸一体化的现实紧迫性。

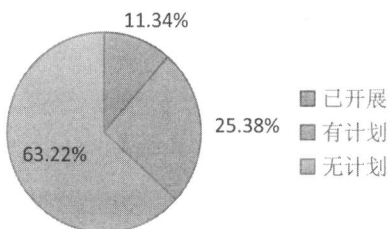

11.34%

25.38%

63.22%

■ 已开展
■ 有计划
■ 无计划

图 3-1　企业是否计划或正在开展内外贸一体化

（二）浙江各类企业开展内外贸一体化现状

1. 分出口商品看

关于浙江省出口商品内销率的调研，剔除 143 个异常样本数据，5102 家出口企业的平均产品内销率为 27.98%，约三成出口商品可转内销。其中，产品全部可转内销的企业占比为 12.44%，部分产品可转内销的企业占比 23.78%，产品完全不能转内销的企业占比 17.08%。另有 45.45% 的企业缺乏对内外贸一体化的规划，无法清晰确定产品的内销比例。总体来说，农产品类转内贸积极性最高，轻工、纺织产品比率偏低，高新技术类产品转内销意愿最低。

不同行业产品的内销率有所差异。农产品企业转内销障碍最小，16.23% 的农产品出口企业的产品全部可以转内销，12.99% 的农产品企业出口商品完全不能转内销。高新技术企业转内销的意愿最弱且难度较大，66.67% 的高新技术企业表示无计划开展，17.56% 的企业认为其全部产品均无法转内销市场。18% 左右的纺织服装、轻工产品出口企业计划开展内外贸一体化却面临其现有全部产品无法转内销的障碍，这些企业需要重新研发内销产品方能推进内外贸一体化。

■ A.都可以 ■ B.部分可以 ■ C.都不可以

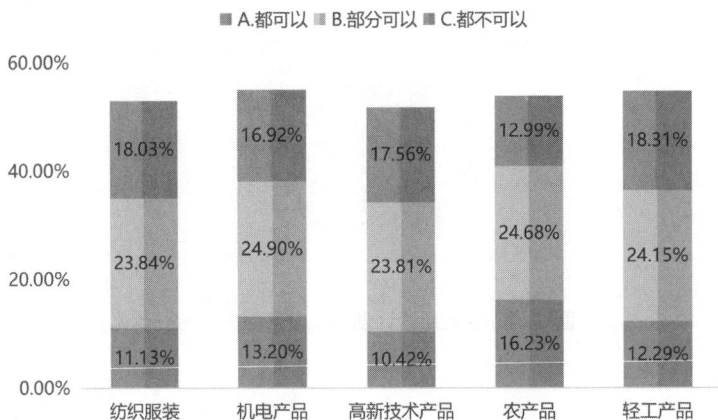

图 3-2 不同行业出口产品可转内销数据对比

2. 地域分布情况看

湖州地区已开展内外贸一体化实践的出口企业占比位列全省首位，占比达到 13.62%，无计划开展内外贸一体化工作的企业比例也是全省最低，占比为 57%。

舟山出口企业中充分了解内外贸一体化的企业占比达到 24.76%，居各地区首位，说明舟山企业推进意愿较强，已开展内外贸一体化的企业占 12.38%，位列全省第二位。

相比其他地区，绍兴地区的受访企业无计划开展内外贸一体化的企业占比高达 68%，位列地市首位。而已开展内外贸一体化实践的企业占比仅达 9%，两项指标均处于全省相对落后的位置。

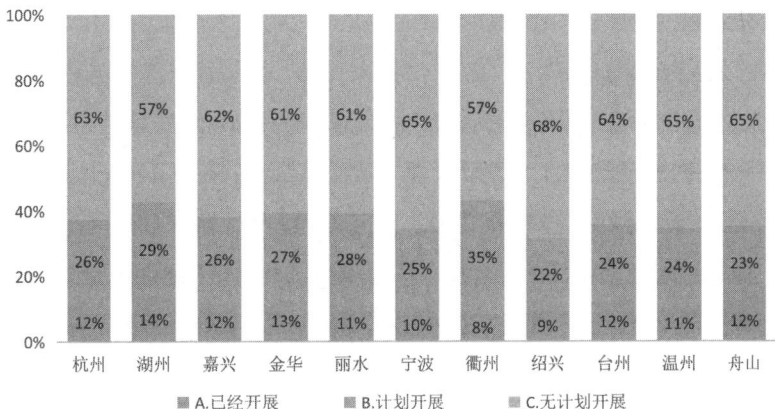

图3-3　各地市企业开展内外贸一体化情况

3. 分行业性质看

从行业性质分类看，限额上批发零售业对内外贸一体化关注度较高，说明该行企业相对而言更注重全球战略。仅限额上批发零售业 10.53% 的企业完全不了解内外贸一体化，这项数据规上服务业和规上工业企业都在 20% 以上。规上工业企业有 66% 无内外贸一体化计划。

有 42.11% 的限额上批发零售企业 2020 年新增国内企业资质、技术、质量等方面的资质认证，其他两类仅 30% 多。限额上批发零售企业更多希望政府为企业提供产业政策扶持，鼓励地方加大对龙头产业的支持力度，并且加快培育市场主体，引导企业布局全球市场，与其他类型企业诉求有一定区别。

4. 分贸易方式看

其他贸易类型的企业对内外贸一体化了解程度最高，92.86% 的企业熟知或有模糊概念，35.71% 的企业已经开展内外贸一体化，42.85% 的企业表示内销比例正在扩大。而市场采购类型的企业则有 75.00% 无内外贸一体化计划。相比一般贸易和加工贸易等传统贸易方式，跨境电商企业更具市场敏感度，64.28% 的其他贸易企业已经或计划开展内外贸一体化。加工贸易企业推进意愿低于一般贸易企业，高达 75% 的市场采购贸易企业无计划开展内外贸一体化，在所有贸易方式中占比最高。

5. 分经营类型看

从经营类型看，流通型企业内外贸一体化意愿极低，生产型企业则为主力。

流通型企业已经开展内外贸一体化的仅占 6.36%，无计划的占 73.20%，出口与内销的比例相对稳定度高，占 82.77%。生产型企业正好相反，有 13.02% 的企业已经开展，而且出口比例减少，内销比例扩大的企业有 30.79%。不论哪类企业，最大的问题还是内外市场在企业资质认定、产品、技术、质量等标准上不一致。

二、推进内外贸一体化的制约因素

（一）总体情况

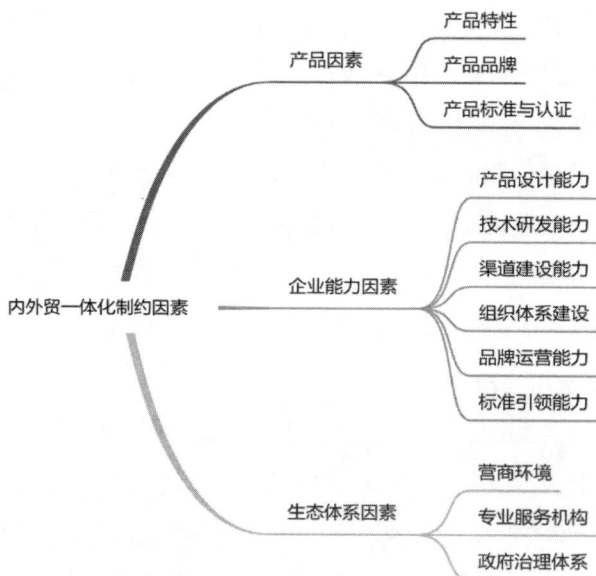

图 3-4　内外贸一体化主要制约因素

调研数据显示，受访企业认为产品因素是企业推进内外贸一体化进程遇到的最主要问题，其次是企业能力因素，生态体系因素的制约作用位列第三位。

产品因素方面，企业最关注标准问题。23% 的企业认为国内外市场在企业资质认定、产品、技术、质量等标准上不一致是主要问题。其次，18% 的企业认为消费理念及文化差异制约了产品内外销转换。10% 的企业认为产品品牌、规格、技术等原因限制了产品内外销转换。

企业能力方面，企业组织体系能力建设最为迫切。18% 的企业认为内外市场的管理体系、产品运营模式、风控上存在的差异制约了企业推进内外贸一体化。11% 的企业受限于自身的资金、人才、管理、开辟市场能力等。另有10% 的企业缺乏渠道建设能力，希望政府推动内外贸一体化平台建设。

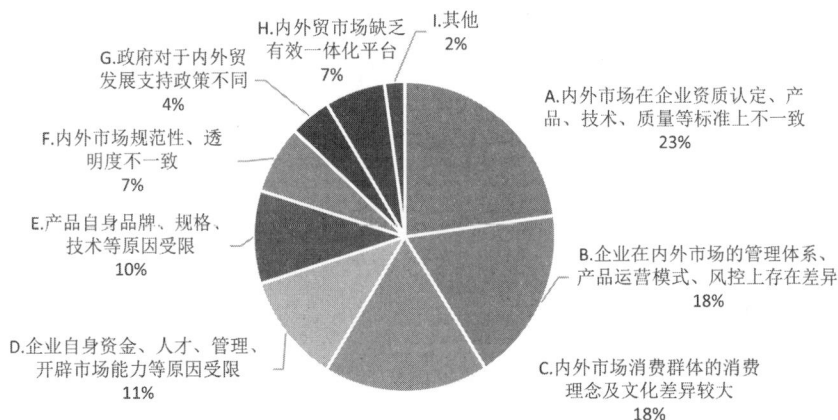

图 3-5　企业推进内外贸一体化面临的主要问题

生态体系方面，国内外市场的规范性与透明度差异较为突出。企业更关注国内市场的营商环境与信用体系建设，其次才是政府的政策与管理体系建设。

（二）产品因素

企业关注度最高的是产品标准与认证问题。23% 的企业认为国内外市场在企业资质认定、产品、技术、质量等标准上不一致是主要问题。推进产品"同标"，企业面临的问题存在多样性。一是同一产品国内外检测指标不同，如蜂蜜产品国内有蜜源要求，检测灰分、酸值等，澳新并不检测；二是同一产品国内外检测要求不同，如食品接触塑料中锌含量国内标准为 25 mg/kg，欧盟标准为 5 mg/kg；三是同一产品国内外检测方法不同，如我国与美国关于医用口罩过滤效率采用的检测方法不同。因此，推进产品"三同"并不等同于鼓励企业完成国内外多套标准认证，而是优化标准管理体系实现国内外标准对接，降低企业转换成本。

其次是消费理念及文化差异问题。18% 的企业认为消费理念及文化差异制约了产品内外销转换。部分出口产品无法匹配国内消费习惯，如多士炉、煮蛋器等西式小厨电，洁面仪、除螨仪等小家电尚未得到国内消费者的普遍认可；部分出口产品质量标准低于国内标准，无法转销国内市场；部分产品虽可转销国内市场，但二次开发成本较高或市场接受程度不确定。消费理念及文化差异造成同一产品的市场需求存在多样性，会增加企业推进内外贸一体化的不确定性，增加转换成本，中小企业在这一过程中更需要得到公共平台的扶持。

再次是缺乏自有品牌问题。10% 的企业认为产品品牌、规格、技术等原因限制了产品内外销转换。本次调研中，超过 50% 的企业没有国内自有品牌。部分出口企业长期从事外贸 OEM 或 ODM 代工，企业在国内市场没有知名度，产品缺乏"品牌背书"。此类企业若开发国内市场则倾向两种方式选择，一是转做国内龙头企业的 OEM 或 ODM 代工企业，二是培育自有品牌。两种方式均面临一定的困难或挑战。政府需要创造条件为优质企业的新生品牌背书，助力企业缩短品牌培育周期。

（三）企业自身能力因素

18% 的企业认为内外市场的管理体系、产品运营模式、风控存在差异等制约了企业推进内外贸一体化的进程，企业组织体系建设最为迫切。11% 的企业受限于自身的资金、人才、管理能力等，另有 10% 的企业缺乏渠道建设能力，希望政府支持搭建内外贸一体化平台、拓展渠道；有 700 多家企业希望发挥跨境电商、服务贸易等优势，加快畅通内外贸市场。

传统出口企业推进内外贸一体化工作面临诸多限制。如传统服装出口企业开发国内市场时需检验企业多方面的能力，一是企业市场分析能力，企业是否把握国内市场消费偏好，能否准确对产品进行本土化二次开发，是否适应国内服装市场设计快、开发快、转换快的市场节奏；二是企业的产品设计与技术研发能力，处于 OEM 阶段的传统出口企业并不具备一定规模的技术研发与原创设计人才，无法针对国内市场需求丰富产品管线；三是企业是否具备建设国内销售渠道、培育自有品牌的能力与资金实力。企业虽可借力国内蓬勃发展的电子商务建设线上渠道，但电商运营人才缺乏、国内电商平台推广运营成本不断高企，都对企业造成压力。此外，线下销售渠道的构建与管理、品牌培育与推广、内外贸一体化管理效率提升等问题也亟待传统外贸企业给出回应。

（四）营商环境因素

国内外市场的规范性与透明度差异较为突出。在推进内外贸一体化进程中，企业更关注国内市场的营商环境与信用体系建设，迫切需要与成熟的专业服务机构协力优化商业生态体系。

国内营商环境与信用体系建设仍待优化。一是国内信用体系建设不完善，尤其是市场信用体系建设存在数据不完备等问题，如关于企业是否存在拖欠货款等问题的信用数据并非轻易可获取，借助第三方信用评级机构对国内主体进行信用评级则需解决第三方评价公信力不足的问题；二是国内市场企业主体诚信意识有待提升，品质管理、合约履行、货款支付、售后服务等商务行为有待进一步规范，"白条"现象仍令传统外贸企业生畏；三是国内市场创新环境有待优化，知识产权保护体系有待完善等问题。此外，出口企业对国内市场的结算方式、货款账期、退换货等顾虑也一定程度抑制了企业转内销意愿。

国内专业服务机构仍需加大引育。国内市场缺乏能够帮助企业降低转换成本的专业服务机构，如创意设计、品牌培育、资信调查、信用评级、财税、咨询、金融、保险等服务机构。

三、浙江内外贸一体化发展的特点与问题

（一）内外贸市场不断扩大，内外融合具有较好基础

年社会消费品零售总额 29211 亿元，比上年增长 9.7%，两年平均增长 3.4%。按经营地统计，城镇、乡村社会消费品零售分别增长 9.6% 和 10.1%，两年平均分别增长 3.2% 和 4.0%。按消费类型统计，餐饮收入增长 15.5%，商品零售增长 9.0%，两年平均分别增长 2.8% 和 3.4%。

在限额以上批发零售企业商品零售额中，饮料、烟酒、服装鞋帽针纺织品类、日用品类零售额增速平稳，比上年分别增长 20.4%、17.3%、18.3% 和 20.2%。消费结构持续提升，升级类商品零售额增长 13.4%，保持较快增速。其中可穿戴智能设备、照相器材、金银珠宝类、化妆品类、通信器材类商品零售额分别增长 92.4%、41.9%、27.2%、22.6% 和 19.5%。线上消费持续增长。限额以上批发和零售业单位通过公共网络实现的零售额比上年增长 25.9%，高于限上批发和零售业单位零售额增速 12.0 个百分点，拉动限上批发和零售业零售额增长 5.9 个百分点，占限上零售额的 25.2%，比上年提高 2.9 个百分点。

近年来，随着居民消费水平不断提升，浙江省消费市场规模均不断扩大，2021 年，全省社会消费品零售总额 29211 亿元，比上年增长 9.7%，两年平均增长 3.4%，在限额以上批发零售企业商品零售额中，饮料、烟酒、服装鞋帽针纺织品类、日用品类零售额增速平稳，比上年分别增长 20.4%、17.3%、18.3% 和 20.2%。消费结构持续提升，"十三五"期间年均增长 15.7%，居民收入的提高和消费心理的成熟，也促进了消费市场提质扩容，更加注重商品和服务品质，对供给端提出了更高要求，这为广大外向型企业出口转内销提供了机遇，也为浙江省企业增加品质供给提升竞争力提供了机遇。同

时，随着浙江省企业不断"走出去"，浙货的竞争力和影响力也不断提升，带动浙江省出口规模不断扩大，2021年，全省全年货物进出口41429亿元，其中，出口30121亿元，进口11308亿元，分别比上年增长22.4%、19.7%和30.3%，分别占全国的10.6%、13.9%和6.5%，年度进出口规模首次居全国第三。此外，近年浙江省不断推动内外贸易自由化便利化、鼓励开展新业态新模式创新等，这些都为内外贸一体化发展奠定了坚实基础。

（二）企业自发探索较早，政府管理相对滞后

虽然自2003年开始，我国为了推动内外贸一体化，进行了机构调整，专门成立了商务部管理内外贸工作，省市县也基本确立了内外贸归属统一部门管理，但在后续的管理运行中，各项内外贸一体化改革工作进展较为缓慢，始终未能摆脱内外两张皮的状态，没有真正实现从业务管理、制度建设、法律法规等方面的内外贸一体化运行。相对而言，浙江省不少企业则不断开展内外贸一体化尝试：一是开展出口转内销，根据2021年3月份对9000多家外向型企业的调查显示，有47.6%的企业已经通过自建渠道或依托第三方渠道等方式开展国内市场营销；二是不断尝试"走出去"创新，调查显示，目前展会、订单等传统模式仍是外贸出口企业"走出去"的主要方式，55.2%的企业仍依赖于订单，但是，有7.2%的企业通过自建渠道，另有4.6%的企业利用线上渠道，企业拓展国际市场形式更加多样。

（三）流通企业"走出去"偏慢，内外贸一体化支撑偏弱

从发达国家经验来看，拥有全球供应链的专业流通企业是实施内外贸一体化的重要支撑，如沃尔玛、家得宝等都是世界500强排名前列的企业，在全球包括我国拥有众多网点，通过这些网点，各国产品可以很方便地行销全球。近年来，浙江省大中型企业实力较快增长，阿里巴巴、物产中大等流通企业已经成为具有世界级影响力的知名企业，2020年，全省重点流通企业总计219家。但是，除少部分企业外，目前浙江省乃至我国流通企业依然是"低小散"

状态，且业务多局限于国内，缺乏国际化的流通品牌，也缺乏直面境外消费者的零售企业，流通企业国际影响力和竞争力都很弱。总体看，浙江省商贸流通业"走出去"仍处于探索阶段，还没有在全球范围内建立具有渠道控制权的流通体系，未能对制造业形成强大支撑，从而难以获得更多的贸易附加值，制约了浙江省从贸易大省向贸易强省转变，也不利于国内国际大循环的畅通。

（四）内外销产品存在差异，对一体化运营形成阻碍

内外销产品结构对等或相似有利于推动产品在国内外市场转换。目前，浙江省内外销产品结构不匹配，出口优势产品品类不是国内市场热销品类。2018年浙江省出口前五类商品是机电及设备产品，服装鞋帽、针、纺织品，家用电器、音像器材，日用品和粮油、食品、烟酒等产品，占全省出口总额的79.9%，此五类商品在国内市场销售额仅占全国零售总额的1/3；而全国零售占比最高的前五类商品在浙江省出口额中所占的比重仅为36%左右。同时，受产品标准认证、消费理念和文化差异等影响，国内热销的产品不一定符合国外相关标准要求，而部分外销产品如多士炉、煮蛋器等西式小厨电也不能适应国内消费习惯。因此，推进内外贸一体化尚需解决内外销产品结构不匹配的问题，对于不少企业而言，产品转换市场需要进行额外的开发设计，这势必会增加运营成本和经营风险，一些企业意愿不足。

（五）外向型企业内销意愿不足，运营能力有待提升

去年以来，浙江省大力推动出口转内销工作，引导企业开拓国内市场，虽然取得了一定效果，但仍存在一些困难。一方面，企业出口转内销的意愿不足。根据对5245家外向型企业的调查结果显示，有近八成的外向型企业对内外贸一体化认识不清，不了解其意义，同时，受外贸形势总体向好影响，企业经营压力不大，近75%的企业并无被迫出口转内销的压力，超六成企业没有推进内外贸一体化的计划。另一方面，企业运营能力弱难以开展内销。很多企业在品牌、技术、渠道等方面优势不强，能力矩阵仍有待优化。部分出口企业长期

从事外贸 OEM 或 ODM 代工，企业在国内市场没有知名度，超过 50% 的企业没有国内自有品牌。同时，开拓国内市场需要企业对组织体系重新规划和建设，而受限于资金、人才、管理能力等，不少企业并不具备渠道建设能力，此外，传统出口企业也较为缺乏市场分析能力、产品设计与技术研发能力等，这些都对企业开拓国内市场、实现两条腿走路形成阻碍。

（六）国内市场环境亟待改善，市场生态体系有待建设

在推进内外贸一体化进程中，企业更关注市场生态体系的完善与优化，尤其是营商环境优化与信用体系建设，迫切需要解决国内外市场的规范性与透明度差异问题，同时，也需要良好的供应链生态，有成熟的专业机构服务企业开拓市场，但当前，市场营商环境与信用体系建设仍待优化。一是国内一体化市场尚未形成。受区域分割、行政垄断等影响，自由化、法制化的市场环境仍有待建设，企业开拓国内市场需要较高的额外成本；二是国内信用体系建设不完善，国内市场企业主体诚信意识有待提升，品质管理、合约履行、货款支付、售后服务等商务行为有待进一步规范，"白条"现象仍令传统外贸企业生畏，同时，出口企业对国内市场的结算方式、货款账期、退换货等顾虑也一定程度抑制了企业转内销意愿。此外，国内市场创新环境有待优化，知识产权保护体系有待完善；三是缺乏专业服务企业，如专业外综服企业、跨境支付企业、跨境物流企业、市场分析机构、法律法规咨询机构等等，这导致一些内外贸企业无法专注于产品设计研发等主业，影响市场整体运营效率提升。

四、浙江发展内外贸一体化发展的需求

促进内外贸一体化，要坚持实施更大范围、更宽领域、更深层次对外开放，充分利用国内国际两个市场两种资源，促进内需和外需、进口和出口协调发展。浙江省要按照国家相关部署，围绕"法律法规、监管体制、经营资质、质量标准、检验检疫、认证认可"等方面进行改革创新和先行先试，通过构建一体化

的产品体系、标准体系、企业运营体系等措施，加快培育一批内外贸一体化经营主体，一批有市场竞争力的内外贸一体化"三同"产品，并在政府治理体系等建设方面先行探索，为内外贸一体化发展提供浙江经验。

（一）需要一体化的国内大市场体系

长期以来，受区域间市场各自为政、相对封闭影响，国内市场处于事实上的分割状态，跨地区的经济往来等受到一定阻碍，导致资源流动不畅，经济效率较低，特别是具有全球竞争力的大型流通企业成长困难，要实现内外贸一体化，更重要是要加快构建统一的国内大市场，浙江应先行探索构建区域一体化大市场。一是要改革地方政府考核体系。适当淡化地方政府的经济增速等目标，强化人民对美好生活向往的目标，使地方政府由目前的承担经济发展职能为主的配置结构，转化为区域性公共产品生产和福利提供者为主的职能配置结构，使地方政府减少直接参与市场活动的行为，增强建设维护统一大市场的全局意识。二是要打破地方条块分割的壁垒，减少地方政府对市场的制度干预。要消除区域间政策歧视，废除妨碍统一市场和公平竞争的各种规定和做法，清理包括税收优惠在内的一系列优惠政策，严禁各类违法实行优惠政策行为，反对地方保护和权力支持下的不正当竞争。三是要完善区域间专业化分工协作体系。鼓励引导不同区域的大企业加入一体化的生产网络体系中，鼓励龙头企业扩大非核心业务外包，发展专业化配套企业，促进各区域加强竞争合作行为，建设一体化竞争性市场。四是率先推动长三角一体化高质量发展。加强长三角区域协作，强化规划、交通、市场、环保、民生等方面的一体化建设，发挥一体化高质量发展的新优势，聚力培育和壮大世界级产业集群和具有全球竞争力的龙头企业，提升重点产业链供应链在国际市场的份额和影响力。

（二）需要内外贸一体化的数字化支撑体系

充分发挥浙江省数字经济优势，强化数字赋能，加快新技术集成和场景应用，构建数字化资源整合机制，不断提升企业在信息、资金、产品等环节流转效率，服务内外贸一体化建设。一是支持搭建智慧供应链体系。鼓励供应链上各主体开展数字化改造提升，转变业务模式、组织架构、运用流程和管理体系，加快供应链数字化转型，提升自身竞争力。支持供应链核心企业等搭建智慧供应链平台，促进供应链信息的有效连通，实现供需有效匹配。二是积极推进跨境电商创新发展。大力培育跨境电商进口交易平台、进口展贸平台、进口供应链平台和进口促进服务平台等新业态，探索不同类型跨境电商业务混仓运营、跨境电商转口贸易等新模式，探索创新"保税＋"业态模式，培育保税仓直播销售模式。三是推进优势电商平台海外建站。支持电子世界贸易平台（eWTP）全球化布局，鼓励速卖通、网易严选等电商平台扩大海外试点，积极在日韩、东盟等地建设海外站，探索海外站点与国内站点数据共享、监管互认、执法互助合作机制建设，逐步形成覆盖全球、开放水平较高的电子商务大市场。四是鼓励创新开展终端营销渠道建设。发挥浙江省新零售、数字生活新服务等优势，支持企业在境外建设智慧超市、智慧餐厅等新零售体验店、旗舰店，向境外输出新业态新模式。支持企业通过电商平台、直播平台等加强企业自有品牌传播。五是以数字化创新提升通关效率。加快"数字口岸"建设，推动海关通过创新风险防控方法，优化监管模式，提升监管效率。探索运用大数据、云计算、移动互联等科技手段和技术装备，加强物流环节的管控。推进区域性通关便利化协作，探索开展长三角海关特殊货物检查作业一体化改革试点，加快一市三省国际贸易"单一窗口"平台用户体系打通、数据共享、业务联办。推动加强跨国海关协作力度，建立国际互认协调数据，打通通关数据。

（三）需要内外贸一体化的产品体系

不同的国家和地区消费习惯、产品标准等存在差异，也导致内外销产品存在一些不同，相当一部分外销产品执行的通常是国际标准或国外标准，有些无法在国内市场销售。因此，以扩大"同线同标同质"产品规模为抓手，构建自主品牌支撑工作体系，提升浙货品质，打响"浙里造"品牌。一是鼓励企业按照"三同"开展生产。指导企业对外贸产品进行必要的内销调整改造，支持具备条件的企业做好"同线同标同质"生产管理，提升内销产品质量。二是支持企业开展"三同"工作。利用好"三同"公共信息服务平台，引入第三方认证企业，鼓励引导浙江省企业申请"三同"产品认证或开展自主承诺声明，提高浙江省"三同"产品规模。三是鼓励各类企业打造自有品牌。鼓励企业围绕国内外消费需求开发产品，实施品牌战略建设自主品牌，支持开拓国内市场的外贸企业创建和推广品牌，将新增品牌引导与"品字标""三同"产品等专项工作统筹推进，以"三同"标记助力产品品质公信力提升。四是持续开展"三同"宣传推广活动。结合品牌培育、质量提升行动以及质量认证服务等举措，鼓励相关平台帮助企业开展宣传推广活动，推动"三同"产品进商超、进电商、进社区、进餐饮、进校园、进食堂等。

（四）需要内外贸一体化的标准体系

按照"就高不就低"的原则，实施国内各类标准的修订，推动国内标准与国际标准的有效衔接，构建由企业标准、团体标准、地方标准构成的浙江标准体系，并引导企业将地方标准上升为行业标准或国家标准，增强浙江省在全国乃至国际标准体系中的话语权。一是开展标准化建设专项清查，全面摸清全省内外贸企业产品标准数量、质量、分布与状况，结合市场管理、商务、海关等相关规划，修编浙江省地方标准化体系建设规划。二是发挥龙头企业引导作用，支持龙头企业在标准空白领域开发先进适用的企业标准、团体标准，引导省内其他相关行业企业参照开展生产经营。三是加强与标准化行政主管部门、行业协会的对接，引导符合条件的企业标准、团体标准上升至地方标准，并进而推广为行业标准、国家标准。四是探索开展内外标准的互认。加大对国际标准、国外先进标准研究力度，加快国际标准、国外先进标准与国内标准的比对、转化，推动出口产品生产标准和国内市场流通标准的衔接。加强与其他国家相关部门、商协会等的协调、合作，联合开展标准的衔接、互认等工作，对国内标准低于国外标准的，对标准进行合理调整。

（五）需要内外贸顺滑切换的企业运营体系

企业是内外贸一体化的实施主体，培育具有全球竞争力、内外贸一体化并重的大型企业是实现内外市场无缝对接的关键。一是要鼓励企业转变理念，增强跨区跨境跨国经营的意愿，积极开展企业组织架构和内部管理流程、治理体系等的变革，加大人才引育力度，加快"走出去"和开拓国内市场的步伐，更好适应内外两个市场顺滑切换。二是大力培育全球化的供应链企业，鼓励企业运用现代供应链管理思维和方法，支持制造、流通等优势供应链核心企业将中小企业纳入自身供应链体系，鼓励产业集群、龙头企业搭建行业供应链平台，联合开展市场渠道建设和产品推广。鼓励各类内外贸企业、制造企业以品牌、技术、渠道、资本等为纽带，通过联合、兼并等方式做大做强，完善研发服务、营销接单、物流配送、品牌推广等功能，逐步形成辐射全球的营销网络，共建现代供应链体系，增强利用两种市场、两种资源的能力，提升全球竞争力。利用境外经贸合作区建设，加强商贸企业与境外企业、消费品产地、专业协会等合作，构建全球供应链体系。三是鼓励流通企业"走出去"。实施"流通企业出海计划"，鼓励加大对外商贸基础设施投资，支持商贸龙头企业在境外建立连锁超市、百货商场、奥特莱斯等中高端零售网点，探索数字化便利店、无接触式消费体验店海外布局等，建设境外优质浙货集散中心、优质商品集采中心等。四是鼓励制造企业自主流通渠道建设。支持有条件的制造企业在境外建设工厂店、直营店、连锁店，或与流通企业共建渠道、入驻品牌流通企业渠道、进驻电商平台等等，进一步提升品牌国际知名度与竞争力。五是鼓励加强与境外优秀企业合作。支持各类企业通过跨国并购、股权投资和战略联盟等形式，积极与境外企业加强合作，融入海外营销网络体系。

（六）需要内外贸融合发展的供应链生态体系

近年来，浙江省大力推进产业链、供应链生态体系建设，在贸易便利化、流通便利化等方面已经取得了较大成效，但在跨境支付、跨境物流、国内信用体系等方面建设依然存在不足，尚跟不上从贸易大省向贸易强省跨越的发展步伐，也对外贸企业开拓国内市场形成了一定阻碍，因此，要进一步发展供应链专业服务企业，与核心企业一起共建供应链生态体系。一是要构建便利化的跨境支付体系。鼓励各类跨境支付企业发展，支持借助数字化技术对跨境支付方式进行革新，鼓励支付宝、PingPong 等进一步出海发展。二是要建设跨境物流体系。完善跨境物流基础设施，增加货运航班航线。支持跨境物流服务企业发展，鼓励国内优势企业投资建设海外物流基地、海外仓等，鼓励收购境外物流企业及其相关配套设施完善服务网络。支持搭建大数据智能物流服务平台，通过数据对接贸易、海关、税务等平台，实现快速通关及打通售后快捷通道。三是加强市场化信用体系建设。进一步完善信用信息采集、利用、查询、披露等制度，推动行业管理部门、行业组织和征信机构、银行业金融机构等信息共享，推动信用服务领域供给侧改革，支持各类企业加强信用信息共享和服务创新，培育一批专业化、特色化信用骨干服务机构。探索推广使用国内信用证、开展国内交易信用保险等。探索建立内外销统一的制度和规则，引导内贸企业按国际通行的贸易方式、结算方式开展正常贸易。四是强化金融服务。鼓励内外贸企业用好各项货币政策工具，使用订单融资、预付款融资等模式，解决企业发展的资金困难。鼓励开展基于供应链核心示范企业和政府采购平台的供应链金融服务，鼓励银保联动、发展国内贸易信用保险保单融资，畅通企业资金链。五是加强人才保障。鼓励企业与高校合作定向培育懂外语、熟悉国内国际营销技能的人才，支持企业自主或委托第三方开展企业职工技能培训，引进有相关经验的高端人才，为渠道建设、管理与运营等提供人才支撑。

（七）需要协同的政府治理体系

虽然商务部门是内外贸主管部门，但长期以来，商务部门的内外贸管理业务并没真正实现融合，同时，国内贸易的管理除了商务部门之外，还涉及发改、交通、市场监管等多部门，客观上对实现内外贸一体化形成了一定阻碍。一是推动内外贸管理体制改革。要进一步梳理各政府部门的内外贸管理职责，在反垄断、反不正当竞争、维护市场秩序、保护知识产权等方面形成合力，着力构建市场化、法治化、国际化营商环境，坚持各类市场主体权利平等、机会平等、规则平等，加快形成内外贸统一、法治、透明、均衡、协调的监管体制。二是要健全内外贸法律法规体系，制定内外贸、内外资统一的维护公平竞争的法律、法规、规章、制度，促进内外贸企业公平竞争。三是加快政府治理体系升级。实施"最多跑一次"内外贸一体化专项行动，实现内外贸企业经营资质对接，简化外贸经营权备案流程；加快政府部门数字化改革，推动部门间数据共享，借助数字化技术提升政府管理效率。四是完善政策扶持。梳理现有各类支持政策，聚集内外贸一体化龙头培育、示范建设、平台建设、示范区建设等，进一步强化政策支撑。建设完善出口企业品牌公共服务平台，加强优质品牌推介，拉近出口产品与消费者距离。加强典型出口企业品牌宣传，减小企业开拓国内市场阻力。五是统计监测体系。针对当前内外贸统计分割的现状，加快统计制度改革，梳理内外贸统计主体、指标体系，尽快建立内外贸一体化的统计制度体系，以便掌握基础情况。六是加强宣传推广。加强多渠道、多媒介内外贸一体化宣传工作，推介内外贸一体化示范企业、产业示范区、"三同"产品，强化社会认知，创造有利的内外贸一体化推进氛围。

第四章

企业实践典型模式

浙江企业以推进内外贸一体化为契机，围绕培育竞争优势、创新商业模式、构建销售渠道等开展了积极探索，目前已经形成品牌驱动、渠道驱动、平台驱动、服务驱动和技术驱动五种典型模式。

表 4-1　企业内外贸一体化典型模式

类型特色	核心	着力点	案例企业	技术路线实施要点	难点
品牌驱动模式	利用高级要素获取高附加值	号召力	艾柯塞斯	基于对客户需求的深度理解，培育 DTC 品牌，带动研发和制造业回流，国内生产企业通过品牌加持辐射到国内外，推动内外贸一体化	品牌影响力培育周期长、挑战大
渠道驱动模式	构建自主供应链，培育链主	联动力	苏泊尔	构建全球供应商采购网络和全球经销商网络，构建高质量的产品设计研发和产品认证体系，通过供应链全球化推动内外贸一体化	担当供应链链主对企业综合能力要求高
平台驱动模式	以平台优势叠加生产优势，实现发展协同	推广力	网严涎选	构建平台主导的产品标准，选择和指导进入平台的生产企业达到标准，通过数字化推广帮助企业在全球销售推动内外贸一体化	制度环境制约，如数据保护法案等制约
服务驱动模式	优化生态圈，促进市场体系成熟	创新力	贸点点	专注商贸流通领域的某一类服务创新，如：品控、知识产权、基于区块链技术的溯源等，帮助企业解决内外贸对接的痛点问题，通过技术、服务创新推动内外贸一体化	不同地域、不同组织机构间的技术对接和穿透
技术驱动模式	大力投入技术研发，达到硬标准，实现进口替代	研发力	三一装备（湖州）	强化技术研发投入，使专利技术达到国际先进水准，把出口产品转变为研发输出，同时用自己的产品满足国内客户，实现进口替代，通过技术优势获得国内外客户推动内外贸一体化	技术突破需要积累，对资金和人员投入要求较高

一、品牌驱动模式

（一）品牌驱动内外贸一体化的机制

品牌形成的内在逻辑在于企业对于客户需求、消费心理的深度挖掘及市场营销技巧的高超运用。品牌是现代商业世界的一种高级生产要素，对资本、技术、劳动力等要素具有集聚效应。内外贸一体化的品牌驱动模式是指企业以品牌为核心要素，通过创立或收购品牌，实施品牌经营战略，获取品牌号召力触发市场需求，将企业置身价值链高附加值环节，为企业深耕原市场或开拓新市场提供有利地位。

在具体实践上，品牌驱动模式又可分为创立品牌驱动型和整合品牌驱动型。创立品牌驱动型模式，是指企业通过在国内国际市场上创建、培育自有品牌，获取市场影响力从而实现内外贸并行发展。整合品牌型品牌模式，是企业通过收购国内外已有品牌进行深化培育，借助已有品牌的市场影响力和忠诚客户群体来实现市场开拓。尤其在消费品领域，企业借助线下营销网络、数字贸易平台或通过社群、网红营销等新媒体手段建立 DTC（Direct to Customer 直接面对消费者）品牌，针对细分市场精准定位，基于电商平台沉淀的客户需求数据不断优化产品设计，增强客户黏性，获得快速发展。企业基于品牌驱动，可主导构建线上线下营销网络体系和国内国际供应链体系。而同步提升企业品牌在国内国际市场的影响力，是企业应对国内国际市场变化的有效路径。

（二）品牌驱动模式浙江企业实践案例

1.运营大品牌资产 实现内外贸并行——杭州艾柯塞斯品牌管理公司内外贸一体化案例

杭州艾柯塞斯品牌管理公司（以下简称"艾柯塞斯"）总部位于杭州市江干区，在澳大利亚、新西兰、加拿大、美国、德国和西班牙均设立品牌管理分公司，全球员工 2700 余名。2020 年全球营业收入突破 100 亿元，累计购买用户超过 1000 万。集团的品牌销售分布全球 30 多个国家，海外业务占比约

40%，中国区业务占比约 60%。

（1）投资打造全球优质消费品牌

艾柯塞斯聚焦大健康、大美丽、品质生活三大消费领域，按照"严选的原料、尖端的科技和上乘的品质"选品标准，在全球范围内甄选收购具有高潜力的优质消费品牌，截至 2021 年 3 月，艾柯塞斯累计投资控股 21 个品牌，涵盖营养健康、美容护肤、母婴个护、全球美酒以及家居生活等品类。在收购品牌后，艾柯塞斯对品牌进行全新规划和打造，丰富其产品线并拓展国内外市场。

（2）布局全球供应链网络

艾柯塞斯精心布局全球供应链体系，构建的供应链网络已实现从原料采购、产品生产，到品牌采购、仓储物流、产品配送等全路径覆盖，在全球建有 11 个中心仓，仓储面积超过 30 万平方米。借力海外仓，艾柯塞斯进一步优化境外分销渠道，实现了国际物流成本的降低，为更多国际品牌的全球化经营提供便捷化的驿站。借助线上渠道全域覆盖的全球营销体系，艾柯塞斯已经成功帮助国内知名品牌产品推广到世界各地，同时吸引国外品牌开拓中国市场，把握中国先进制造业及便利的物流优势，带动更多全球优选品牌工厂落户中国。

（3）创新运营模式传播中国品牌

创新运营模式，以"品牌连接经销商触达消费者"为核心，创建国际品牌会员俱乐部 VTN 及全球经销商管理体系 ABM，将国际品牌的经销权直接下达到商城及个体创业者，杜绝经销商层层代理，直接触达消费者。在避免假货的同时，也直接降低了成本。同时，艾柯塞斯借助国际贸易平台，致力将更多的中国设计、中国品牌和中国创新传播出去，助力中国软实力的提升。通过"产业运营＋产业投资"双轮驱动战略，实践内外贸一体化。

2. 以需求为导向，借"国潮"拓市场——阿克希龙内外贸一体化案例

浙江阿克希龙舜华铝塑业有限公司（以下简称"阿克希龙"），总投资接近 2 亿元，拥有 30 年以上的化妆品包材生产经验，专业生产各类化妆品包装、口红管系列、香水盖及指甲油盖、铝制品和塑料及表面 UV 涂装制品等。高端唇部产品外壳市场占有率约为 30%，是行业内的"隐形冠军"，也是全球最具竞争力、最具影响力的化妆品包装企业。

（1）注重品牌培育，强化研发赋能

公司品牌有非常高的知名度和良好的口碑，在国内外均已注册商标，是浙江省出口名牌企业。以阿克希龙为主起草的《唇膏管》标准于2016年通过"浙江制造"团体标准，编号为T/ZZB 0096-2016，于2016年10月31日起实施。无论是国内还是国外客户都采用"同线同标同质"，帮助国内企业提升产品品质，为品牌赋能。

阿克希龙是高新技术企业，设有绍兴市级研发中心，是市级工业设计中心。2020年，公司研发投入达3400多万元。截止到2020年底，公司拥有国内授权发明专利（Ⅰ类）13项，实用新型专利（Ⅱ类）和外观专利（Ⅱ类）100多项。研发团队输出的核心技术和重大成果能快速转化为市场竞争力，每年有60%以上的销售额是由新技术、新产品、新材料所带来的直接效益。其中无油无胶中束芯拥有国际和国内发明专利，为全球领先技术。除此之外，公司还有完整的创新体制、良好的创新条件和人才队伍。

（2）市场嗅觉敏锐，重心逐步转内

阿克希龙与DIOR、雅诗兰黛、欧莱雅、香奈尔等国际知名公司都建立了战略伙伴关系，是他们的稳定供应商。随着国内彩妆市场的迅速崛起，阿克希龙敏锐地意识到发展国内市场大有可为，因此公司战略从专注于国外高端市场转向积极开拓国内市场。

对于公司主打产品来说，虽然是做同一个产品，但不同市场的客户需求可谓是千差万别。2020年，阿克希龙与"国货之光"完美日记合作，共同开发"小细跟"系列口红。合作期间阿克希龙市场部先期导入和对接客户的产品外型设计，提供了近50种外型设计方案，整个开发周期也严格控制在1周内。产品一经上市，就赢得市场的巨大反响，淘宝首日预售超过45万元，促使完美日记成为2020年首个预售破亿元的国货彩妆品牌，阿克希龙销售额达4000万元。目前公司已与国内电商化妆品头部品牌完美日记签订战略协议，与国内彩妆头部品牌花西子、故宫文创、毛戈平、悠宜等深度合作。

（3）成功源自专业，发展基于格局

阿克希龙在开拓国内市场过程中发现，国内客户尤其是电商客户有别于传统接触的国际客户，对市场的需求反应更为灵活，产品迭代非常快，这就要求阿克希龙的开发节奏更快。区别于国外注重数据，国内客户更愿意眼见为实，这就对阿克希龙打样的能力和资源配置提出了更高的要求。比如在与完美日记合作过程中，时间十分紧迫，关键时刻阿克希龙的专家凭借丰富的经验保证了产品的性能，同时，强大的营管团队和生产团队为产品如期大批量出货提供强有力保障。随着知名度的不断提升，国内彩妆品牌不想局限于做"大牌平价替代"，他们更希望能提升品牌价值，阿克希龙积累的丰富的化妆品包材经验、强大的研发创新能力和快速响应客户需求的能力就发挥出了重要的作用。从专注于国外市场，到快速开拓国内市场，究其成功的原因主要是因为阿克希龙足够专业，找准并满足了国内市场客户的需求。除此之外，公司还有完整的创新体制、良好的创新基础条件和人才队伍。针对国内市场的特殊性，公司从战略角度出发，积极探索，制定出一系列举措，例如成立市场部，以重点客户为核心的项目小组等方式，快速响应客户需求，积极拓展新客户。

未来，阿克希龙将继续顺应市场发展需求，围绕绿色制造，引领彩妆行业全品类转型升级，以创新发展为核心，提供增值服务，成就客户价值，努力把公司打造成全球化的平台，以"内循环"促进"双循环"，共创中国化妆品外包装的崭新时代。

3. 打造专业化品牌——浙江三花智能控制股份有限公司内外贸一体化案例

浙江三花智能控制股份有限公司成立于 1994 年 9 月，注册资金 35.92 亿元，是一家集科研、生产、经营、服务于一体的大型民营企业。经过三十余年的不断研发创新，公司以"管理之花，科技之花，人才之花"为经营理念，走"专注领先"的发展之路，已成为享誉海内外的全球制冷空调控制元器件行业领军者。公司主导产品电子膨胀阀、四通换向阀、电磁阀品种齐全，市场占有率位居全球第一，截止阀、储液器全球市场占主要地位。"三花"牌制冷智控元器件已成为世界知名品牌之一，并获得行业内的高度评价，是全球众多知名空调厂家的战略合作伙伴。截至 2020 年底公司实现销售收入 45.17 亿元，出口 2.47 亿美元，利润总额 8.41 亿元，取得了良好的经营业绩。

（1）构建全球营销网络

公司坚持"专注领先"的专业化经营道路，坚持自主开发创新的技术路线，建立了完整而严格的质保体系，大力培育具有自主知识产权的核心技术，同时着重开拓国际市场，在日本、韩国、新加坡、美国、墨西哥、德国等地建立了海外子公司，在美国、波兰、墨西哥等地建立了海外生产基地，具备全球化的生产应对能力。目前公司已在全球制冷空调智控元器件细分市场中确立了行业领先地位，是全球最大的制冷空调控制部件制造商。

公司始终以市场为导向，以满足、服务顾客为宗旨，构建了以青岛、广东、上海、珠海、重庆、合肥、韩国釜山、泰国曼谷、日本大阪、美国 OHIO、西班牙马德里等国内外事务所 / 支公司为网点的全球性营销网络。客户群体主要为世界 500 强或中国 500 强制冷空调企业，与松下、大金、三菱、东芝、日立、富士通、LG、三星、开利、特灵、约克、格力、美的、海尔、海信、志高、长虹等国内外著名家电制造商建立了战略供方或合作关系。

公司通过并购海外公司，拓宽了海外市场，获得了国际市场份额，增强了国际竞争力，进一步丰富了全球营销网点，三花旗下各产业，可以共享市场资源，实现每个营销网点的多个产业或系列产品销售，提高销售效益。

（2）创造具有当地特色的品牌

国内的国际贸易部与国外的营销事务所已形成良好的内呼外应，外贸出口实现了多次飞跃。为进一步完善国际营销网络，公司紧抓机遇，在日本大阪、美国俄亥俄州、韩国釜山、西班牙马德里、泰国曼谷等地设立境外营销网络机构，在当地建立了规模型仓库，利用当地资源，直接生产，极大程度地改善了境外销售渠道和方式。海外生产基地的设立，缩短和优化了供应链，避免了反倾销等国际争端。在人才选择上，基本聘用当地本土化人才为主，比如收购的德国亚威科公司，三花只委派了中方一人担任财务总监，其他人都遵从尽量从当地选用人才的原则，这省去了一个新加入的中方人必须通过语言关、法律关、生活关，要熟悉环境、结交朋友的时间周期和文化障碍，做到了真正融入全球市场。三花与全球客户协同研发，实现当地生产，当地销售，实现真正融入全球市场，为客户提供更加全面的当地化服务。

同时利用当地社会、市场和文化优势，达到快速占领当地市场，另一方面以最直接最快捷的方式，将准确的技术、质量、价格等国际市场信息，源源不断地传递给国内，国内企业再根据这些信息，有针对性地组织开发产品，以"三花"自主品牌，以最快的速度提供给世界各制冷空调整机厂商。

（3）全球生产，全球研发，全球销售经营模式

公司最开始通过建立境外销售事务所，获取第一手的市场信息，完善了境外营销网络，扩大了销售范围和市场机会，规避了经营风险；在海外建立生产基地，目前在墨西哥、波兰、越南已形成三个成建制、成体量的海外制造基地，扩大了生产规模，缩短和优化了供应链；在主要客户附近设立研发中心，搭建起国内研发总部与海外客户研发部门的桥梁，实现了与全球客户 24 小时协同研发。目前德州技术中心已将微通道涂层、直流变频节能等世界先进技术实现了技术消化吸收并溢出。通过国内事业单元进行了成果转化，拓展了产品开发的广度和深度，新产品实现了量产销售，新产品进入美洲市场的速度快了30%，新增销售 20%，取得了良好的经济效益，带动了当地经济的快速发展。

公司将不断加强产品和技术创新，加强海外制造基地的投资和建设，提升海外基地运营管理水平，加强全球化人才引进和培养。公司目前已形成全球生产，全球研发，全球销售的经营模式，逐步实现了"花开全球"的美好愿景。

4. 以质取胜 创国际化品牌——德华兔宝宝内外贸一体化案例

德华兔宝宝装饰新材股份有限公司（简称德华宝宝）创始于 1993 年，是我国装饰板材行业产销规模领先企业、国内同行业中首家上市企业。经过二十年的不懈努力和创新发展，公司已经从单一的装饰贴面板生产型企业发展成为我国具有较大影响力的室内装饰材料综合服务商，产品销售网络覆盖全国各地，并销往美洲、欧洲、澳洲、中东等全球各地，是国内产销规模最大、渠道覆盖

最广、专卖店数量最多、经营品种最全的行业龙头企业，"兔宝宝"品牌成为装饰板材行业最具影响力的品牌。

公司以浙江为主要产业基地，不断优化配置资源，持续稳健对外扩张，在江苏、江西等地已形成一定规模的产业集群，形成了从林木资源的种植抚育和全球采购，到生产和销售各类板材、地板、木门、衣柜、家具、橱柜、儿童家居、木皮、涂料、胶粘剂、装饰五金、墙纸等产品系列的完整产业链。近年来，德华兔宝宝装饰新材股份有限公司主营业务快速增长，销售收入和利税总额均保持高速增长，主要经济指标位居行业前列。2020年，公司实现营业收入64.7亿元，同比增长39.6%（其中内销实现营业收入62.8亿元，外销实现营业收入1.9亿元）；利润总额5.6亿元，同比增长18.7%。

在创新发展中，始终坚持质量立企、质量兴企，牢固树立全面质量观，在各级政府和领导的关心与指导下，运用和创新质量管理理念和方法，推进"质量强企"战略，即"质量强企有传统、质量强企有保障、质量强企有措施、质量强企有成效"，通过建立健全质量体系，持续推进卓越绩效管理模式，净化了市场环境，保障了消费者权益，使环保产品成为市场主流，推进了行业的绿色进程，推动了行业的健康有序发展。同时企业自身也成长为行业产销规模领先企业，获评浙江省政府质量奖、中国驰名商标，"兔宝宝"成为国内行业知名品牌。

（1）全方位管理品牌建设

①国际品牌建设与维护，以科技为后盾，树立"质量第一，以质取胜"的国际品牌形象，为外销渠道保驾护航。国际市场需求是时时在变化的，对于新的市场需求，公司要及时把握，并将之快速体现到产品线中予以回应。这样可以使兔宝宝产品在创新上快人一步，能给市场消费者带来更多的效用，促使对企业产品形成品牌偏好。技术领先还意味着兔宝宝凭借其对先进技术的创造与把握，能以最新的理念、材料、工艺与方法，不断开发出先人一招或高人一筹的新产品，从而引领国际市场，树立国际化品牌，创造效益。

产品质量是品牌竞争力的基础，是产品"长寿"的根本。国际市场对品牌的信任首先是基于对该品牌产品质量的信任，是消费者建立品牌认知的客观基础。产品质量的好坏直接关系到消费者在消费产品中获得的功能性效用，如果功能性效用得不到满足，就会产生负面效用。为实现优异的产品质量，企业从产品设计研发、原材料供应、生产过程管理及客户反馈等各个环节入手，实施全面质量管理，高质量的产品产出，为兔宝宝品牌国际化建设保驾护航，为外销渠道提供质量保障。

企业创出品牌，尤其是名牌商标，是一笔可观的无形资产，在进行贴牌生产时一定要严格把关，防止品牌商标使用的泛滥化。当 OEM 厂家质量达不到规定标准要求时，绝对不能让它们使用兔宝宝的商标。否则，这些低质的产品，将损害整个兔宝宝的国际品牌声誉，影响外销渠道的畅通。因此，兔宝宝严格管理品牌商标的使用。

②品牌国际化培育布局，拓展外销经营渠道。加强终端宣传力度，提高品牌知名度。加大品牌宣传力度，启动国家品牌计划，兔宝宝在北京、杭州、南京、武汉等国内主要高铁站枢纽投放品牌广告，亮相美国纳斯达克广告牌，参加国内外各类展销会，进一步扩大品牌知名度；加大营销力度，持续集合全系列产品优势开展"环保中国行"大型活动，邀请国内外经销商参加"兔宝宝新品发布会"，增强品牌活力。在拥有 251 个国内商标和 51 个国际商标注册基础上，完善国内外商标体系搭建。着力打造"东欧原料供应—东南亚生产制造—北美市场销售"跨国供应链，布署海外制造基地，获取国外市场的终端营销渠道，逐步实现自主品牌出口，打造国际化品牌。

（2）加强全球资源配置

通过全球资源配置，奠定坚实的国际行业竞争力，开拓外销经营渠道，公司积极开展战略性合作和跨境并购。一方面，利用现有国际业务合作基础，与加拿大艾伯塔省科技院和 NORBORD 公司进行深度战略合作，为国内外市场提供绿色节能环保产品及配套服务；另一方面，公司响应国家号召和政策，开展"一带一路"国际合作，在柬埔寨设立贴面板工厂和地板工厂，充分发挥公司的资源优势和渠道优势，恢复对美国市场的出口业务。特别是兔宝宝地板外销市场已从原来单一的意大利、英国、韩国，迅速拓展到北美、南美、中东、欧洲、东南亚、澳洲等 20 多个国家与地区。同时，兔宝宝又和欧洲多家企业形成战略合作，引进最富盛名的欧洲 VALINGE 锁扣专利技术，并成为多个具有百年历史的欧洲原产强化、三层复合品牌的中国战略合作伙伴；公司邀请意大利顶级设计师 Enric Bedin 先生率领的设计团队，全面担纲兔宝宝地板的产品与商业终端卖场设计，整合中国制造与意大利设计，推动品牌的国际化、时尚化。

（3）创新品牌营销模式

①兔宝宝定制家居模式：个性化定制消费需求的升级和家居行业智能制造的推进，诞生了家具制作和室内装饰装修之间的一个新兴产业——定制家居。近两年国内定制家居企业发展迅猛，涌现了索菲亚、好莱客、尚品宅配、欧尚等一批上市公司,增长量达到40％以上,定制化的家居产品逐步成为市场主流。德华兔宝宝为了迎合定制化市场需求，通过信息化技术导入结合机械化生产设备，形成完整的定制化衣柜自动生产车间。大幅度提高全段工业生产的效率，主要体现在同一流程的各岗位环节间共享进度、任务、文档等信息，从而降低沟通的损耗，节省各类查询的时间；并减少差错从而提升产品各个环节的合格率；大幅下降人力成本。信息化智能车间的建设可以突破信息孤岛，让公司更好地掌控生产全局，提升生产周期，经济效益显著。

为了打造定制家居装饰综合服务商，公司整合内外资源，建立生产基地。投资建设先进生产线，建立自有的家居生产制造基地，作为业务开展中树立高端品牌、打造样板项目的保障；借助资本市场的力量，通过兼并收购、股权投资等方式，结合家居业务拓展方向，以江浙沪为中心，辐射周边区域和部分国外地区，合理布局生产基地位置，整合当地社会优质门柜制造企业，获取生产、技术和人才等多种资源，快速构建门柜业务的自有生产制造能力，并与仓储物流和营销体系配合推进市场开发工作。

②木皮、原木综合性交易模式：为了打造流通平台型经济，提高木皮、原木市场品牌影响力，促进产业转型升级，公司建立了集市场交易、储定、木皮

加工、配送等功能的综合性木皮交易市场——中国木皮市场。在建设木皮市场的过程中，主要通过三个方面：

一是发挥全城优势。公司建设打造的中国木皮市场位于洛舍镇，2009年洛舍镇被中国流通协会评选为中国木皮之乡，全镇拥有木皮生产经营企业300余家，日产木皮可达100万平方米，年产值约24亿元，占据全国木皮市场份额的67%，畅销全国乃至全世界，借助洛舍镇"木皮之乡"的特色鲜明产业，打造一流的木皮交易中心。

二是打造"实体＋电商"模式。以实体市场交易和综合电子商务平台相结合的供应链创新模式，建设市场交易、储运、木皮加工、配达等功能的大宗商品交易中心，打造通透平台型经济，提高木皮市场品牌影响力，促进产业转型升级。开发建设的木皮特色专业市场及加工基地，同步配套增设金融、物流、餐饮、娱乐等现代化设施，形成工贸一体的木制品新兴市场。在洛舍本地企业集聚经营的基础上，木皮市场向全国木皮企业进行延伸，实行统一生产、统一管理，并推广电商服务，形成较为成熟的全国性木皮集散中心。已经形成集中采购原木、集中供热生产、集中展示销售等完整产业链，社会效益显著。对当地的经济发展将起到巨大的推动作用的同时有利于解决当地劳动力，大幅地提升了行业技术水平，有利于加快信息化金融、当地电子商务的发展。

三是借助品牌效益。借助洛舍镇"木皮之乡"的特色鲜明产业和德华在行业内的龙头优势，打造一流的木皮交易中心、中国木皮市场，以林业产品原木集散交易和原木类型产品销售为主，近三年实现15亿元销售收入，并逐步拓展成全国最大，世界上有影响力的木皮、原木综合性交易市场。

基于优秀的企业管理能力，兔宝宝公司在定制家居、易装、轻资产经营等模式下已经展开积极探索，并取得显著的成效，在同行业以及相近行业有良好的推广示范意义。

5. 以产品为核心、品牌为线索、多渠道营销——三锋公司内外贸一体化案例

浙江三锋实业股份有限公司（以下简称"三锋公司"）位于浙江永康，成

立于 2008 年 10 月，注册资本 8700 万元。三锋公司是一家专注现代林草装备的研发、生产、销售的股份民营企业，拥有占地 7.1 万平方米的两大生产基地，产品广销至俄罗斯、德国、西班牙、英国、波兰、巴西等 20 多个国家和地区。公司是国内最大的电链锯制造商和销售商，连续多年位居园林工具领域国内第一。2020 年实现产值 9.8 亿元，上缴税收 3728 万元。

（1）以产品质量、标准为抓手，提升生产基地产能

三锋公司以质量强企为抓手，严格管理产品质量，在质量管理中严格执行《ISO9001:2015 质量管理体系》《武器装备质量管理体系》标准，并积极导入 GB/T19580:2012 卓越绩效管理模式、ISO/IEC17025 等管理标准，通过了 ISO9001.ISO14001 和 ISO45001 体系，拥有浙江省业内唯一通过 ISO17025 体系认证（国家 CNAS 认可）的企业实验室。公司产品标准通过了德国 GS、欧盟 CE、欧盟 EMC、加拿大 CSA、美国 UL/ETL、欧洲排放 EURII、美国排放 EPAIII 等国际认证和国家 3C 安全认证。生产线可以根据产品标准要求无缝切换生产模式，提升产能。

（2）以技术研发为核心，强化管理精细，激发发展活力

三锋公司坚持抓核心技术，稳技术领先的理念，最大限度地拓展企业发展空间，激发发展活力。先后设立拥有国家 CNAS 认可室——电动实验室（12个测试房）和动力实验室（10 个测试房），检验能力获得国际知名检测机构的认可。引进和采用先进技术和标准，承担国家级、省级课题，以课题促创新，实现新品的持续开发。同时，深入推进产学研合作，为公司研发创新提供强有力的技术支持。另外，公司以多年技术创新、管理创新经验为基础，大力实施智能制造工程，推进标准化、自动化、信息化、智能化"四化"建设，开展精益生产（Lean Production）、QC 改善活动、星级班组建设、BPR 流程优化、6S 活动。大力开展"机器换人"行动，以智能制造引领产品提质增效。积极实施 PLM、MES、WMS 等系统，充分利用工业机器人、视觉传感、物联网技术调整制造模式，构建新型制造管理模式。

（3）以品牌为线索，拓宽内外贸销售渠道，丰富销售业绩源头

三锋公司拥有自主品牌三锋、SAFUN、MAXLANDER、TAYDY 等国内外登记并注册商标 24 个，并积极推进互联网跨境电商模式探索与应用建立。一方面，加大线上线下自主品牌推广，进一步推动跨境 B2C 业务垂直发展，双自主品牌及 OEM 业务增长。比如在亚马逊平台采取"1+1+1"业务策略，建立亚马逊双品牌，其中一品牌联营，一品牌自营，不断增强直接用户的黏度和认同感，形成自主品牌的稳定用户群体。通过增强产品组合式销售力度，加大新品销售占比、自主品牌占比。另一方面，坚持以顾客与市场为导向，优化客户和订单结构。继续加强与国际知名品牌商合作，扩大战略合作关系，为客户提供更高端、附加值更高的环保产品。目前，公司产品 80% 以上为外销市场，产品出口 14 个国家和地区，并在东南亚推广自主品牌 SAFUN、TAYDY，建立了自主品牌销售网络。在国内公司通过建立经销商渠道，建立了覆盖全国的经销网点有 162 个（一级和二级）经销商，极大地拓宽市场渠道，增加销售业绩。

未来，三锋公司将继续秉持质量强企、标准强企、品牌强企、浙江制造、智能制造、精益生产理念，着重经营管理创新、营销模式创新、研发技术创新、工程工艺创新、供应链协同创新、柔性敏捷制造创新，坚持引领工具革新、打造美好家园为使命，坚持以服务客户为己任，为力争成为全球节能环保型园林工具的领跑者而不懈努力。

6. 内外兼拓 打造"品字标"——正阳科技内外贸一体化案例

正阳科技股份有限公司是一家研发、生产、销售电动工具的国家高新技术企业。花园式厂区面积 9 万平方米，现有员工 1200 多名，具有年产电动工具和园林工具 600 多万台的生产能力。产品包括手持电动工具、台式电动工具、锂电工具、园林工具等系列 100 多个品种。

2020 年企业实现销售收入 53859.53 万元，其中外贸 21753.57 万元，占比 40.38%，内贸销售收入 32105.96 万元，占比 59.62%。截至 2020 年 12 月净资产 52220.62 万元。主导斜切割机、电木铣、角向磨光机、电圆锯、冲击钻、电钻、电锤等产品通过"国际先进，国内一流"浙江制造"品字标"

认证，生产技术和产品质量处于国内领先水平。

近年来，新冠疫情影响以及中美摩擦、原材料不稳定等因素导致国际市场不景气。正阳积极应对，不断内外兼拓，线上线下双轮驱动，通过商业模式创新、产品创新等举措拓展市场，2020 年实现销售收入 53750.5 万元，较 2019 年 53132.38 万元增长 1.15%，2020 年实现利润总额 2729.96 万元，较 2019 年 1973.74 万元增长 42.65%。创新经验有多篇在《永康日报》、《金华日报》、《中国质量报》、浙江电视台等媒体推广。

（1）开展浙江制造认证，打造国际国内认可的好品牌

浙江制造产品代表着国际先进，国内领先。正阳科技积极推进"浙江制造"认证工作，全力打造国际国内认可的"品字标"好品牌、好企业、好服务。目前正阳公司已经有斜切割机、电木铣、角向磨光机、电锤、电圆锯、电钻、冲击电钻等 7 个产品通过"浙江制造品字标"认证，是浙江省获取"品字标"认证最多的企业之一。其中斜切割机产品是浙江省第一张"国内国外"双认证证书，浙江省副省长朱从玖、王文序、陈懿君、冯飞等先后对正阳做法予以肯定。

（2）创建海外微官网，拓展销售新模式

公司注册创建了海外微官网，利用微信传播速度快、覆盖范围广等特点，开展海外销售。该举措首先在尼日利亚开始试行，通过授权合作销售等形式取得了较好效果。企业正在紧锣密鼓地策划创建"一带一路"覆盖国乌兹别克斯坦、罗马尼亚等国家微官网。通过微官网建立和授权实现营销网点的不断辐射。2020 年实现微官网销售 400 多万美元。同时，在国内通过天猫等信息平台加大网络营销渠道，取得良好效果。

（3）实施海外授权模式，扩建自主品牌服务点

目前正阳的产品在境外的许多国家和地区都占有一定的份额。虽然之前所出产品基本都是贴牌形式，要在这些国家实施自主品牌销售还是有较大基础。但是企业要在海外建立销售服务点其需要大量的人力、物力和资金。更会受到语言、名族风情等环境制约。因此寻找当地的经销人员进行合作是一个明智之举。2018 年开始，正阳通过沟通、考察、谈判等方式已经在泰国、印尼等国

家寻找当地具有实力的经销商、售后服务点 50 多个，其中泰国 40 个，发放了 52 张 PIGEON 品牌销售服务授权证书。根据相关合同条款，在技术、经营、广告宣传上有计划对他们进行指导和监管。从而方便了当地客人，提高了企业自主品牌的占有份额。

（4）接轨世界知名企业，开展深度合作

与世界知名企业百得、TTI、CPI 等合作，通过定向开发，定向销售等模式合作，一方面拓展了企业销售渠道。另一方面，通过技术合作，提升了企业技术团队的整体水平。由于以上客户对产品高要求，所以通过合作促进企业产品逐步向高端化发展，同时提高了正阳质量控制能力。

（5）出口货物质量保险，确保出口产品受到保障

为降低公司产品出口带来的风险，确保能够保障客户的利益需求。正阳针对销售额较大的订单实施出口货物信用保险，确保出口产品受到保障。提高了企业风险管理的水平，提高了企业的信用。例如企业为百得、CPI、翠丰等客户的订单产品实施出口货物质量保险，受到了顾客的欢迎。

（6）开辟新领域，扩大辐射服务端

近年来，正阳的新产品不断地推陈出新，先后推出了磨链机、逆变无刷电动工具、智能锂电电改锥等产品，其产品不断地向各个领域辐射，实现了系列配套相互衔接的良好服务作用，方便了客户系列采购，增加了客户群。

（7）倡导绿色环保，开展旧机换新品活动

为提升产品品牌，倡导绿色环保，正阳科技在 2018 年开始（2020 年因疫情原因中止）在上海、沈阳、北京等 10 个省市开展旧机换新品活动。顾客只要支付原价 50% 的费用就可以用老产品换取新机器，受到了广大顾客的好评。

二、渠道驱动模式

（一）渠道驱动内外贸一体化的机制

渠道驱动模式是指企业基于强化购销网络建设推动产品有效触达需求方的内外贸一体化推进模式。这一模式是传统外向型企业二次出海的升级之路，更是自主供应链"链主"企业的培育之路。我国传统外向型企业借助突出的生产制造能力，发展成为跨国企业的 OEM 或 ODM 供应商，融入跨国供应链，完成第一次出海。在构建新发展格局的背景下，企业推动内外贸一体化则是以构建全球供应商网络和全球经销商网络为主要特征的二次出海。企业在这一阶段，主动布局、自主掌控全球购销网络建设，由全球供应链的参与者转变为区域供应链的构建者，并进一步努力成为全球供应链的构建者。当越来越多的本土企业主导区域供应链构建时，即本土"链主"企业增加，将带动更多区域内中小企业参与供应链网络建设，提升产业集群竞争力和区域竞争力，提升供应链的自主性、安全性，减缓因国际贸易摩擦可能引发的供应链断裂风险，通过内外贸一体化实现进口可替代的目标。

（二）渠道驱动模式浙江企业实践案例

1. 布局全球渠道矩阵——浙江苏泊尔股份有限公司内外贸一体化案例

浙江苏泊尔股份有限公司是全球知名小家电及炊具制造集团，主营炊具、厨房小家电、环境家居电器、厨卫电器四大事业领域，旗下包含 Tefal、WMF、拉歌蒂尼等 30 个子品牌，每年有上千个新品上市。苏泊尔在全球拥有 41 个工业基地，33000 余名员工。2020 年公司内销 128.69 亿元，占营业收入比重 69.2%，外销 57.27 亿元，占营业收入比重 30.80%，内外贸一体化工作不断推进。

（1）全球化采购促成内外贸一体化供应链

苏泊尔在内贸与外销的供应链管理中实现资源共享，推进全球化采购。公司虽然还未构建内外贸一体化的运行系统，但实际业务操作中已建立清晰的内外贸并行主线和基于全球化采购的内外贸一体化供应链运行基础。比如公司在玉环设立目前全球最大的电水壶制造基地，年销售 1500 万台电水壶，近60% 内销、40% 外销，内外销竞争力均比较强。

（2）创新能力推动内外贸一体化融合

在疫情常态化的大背景下，苏泊尔深刻分析消费端需求变化，把握消费者渴望健康生活和品质升级的趋势，推进产品创新战略与精品战略，持续完善公司多品牌和多品类的发展战略，培育新业务和新品类，推动细分品类发展。截至 2020 年 3 月，公司拥有 9869 项专利技术，起草 84 项国家及行业标准。公司设计能力不断提升，工厂建有国际认证实验室，可以快速获得相关认证，不仅推动 ODM 生产周期大大缩短，也带动内销部门生产、研发等方面的创新能力提升，推动内外贸一体化融合。

（3）布局线上线下经销网络推动内外贸一体化衔接

目前，苏泊尔外贸业务主要采用经销商模式，拥有稳定的经销商团队，与经销商保持着良好的互利合作关系。同时，公司在电子商务发展方面持续推进，提高与主要线上零售商的合作效率和资源投入，创新推广模式，持续提升线上的销售规模和市占率。线上主要采用"自营官方旗舰店 + 代理加盟其他专卖店"的模式，线下将经销商和代理商变成服务商，提供配送、仓储、售后等服务，保证代理商的利润。公司将持续提升在国际卖场及国内主要零售系统的服务水平和效率，成为更多重点零售渠道的战略供应商；持续开拓三四级市场，提升网点的覆盖率和覆盖密度，在 O2O 渠道进一步加强和电商平台的合作，扩大单店产出。

（4）保持领域内多品牌、多品类的专业优势

早期，苏泊尔凭借高质量的压力锅塑造了品牌形象，2002 年苏泊尔商标就被认定为"中国驰名商标"，苏泊尔牌电压力锅在 2007 年就被认定为"中国名牌产品"。苏泊尔除了 SUPOR 品牌外，还引入了 SEB 集团旗下LAGOSTINA、KRUPS、WMF 等高端品牌，从而完成了在厨房领域对中高

端品牌的全覆盖。现在公司在明火炊具和厨房小家电业务上均位居全国前列，同时积极开拓厨卫电器、厨房用具等新品类，苏泊尔在厨房领域多品牌、多品类的布局已形成了其相对于其他竞争者独特的竞争优势。

2. 集合产品与技术优势，多渠道疏通内外贸销路——东磁内外贸一体化案例

横店集团东磁股份有限公司（以下简称"东磁"）是全球最大的永磁铁氧体生产企业、全球最大的软磁材料制造企业，获得国内领跑者证书的太阳能制造企业，全球主要的振动马达生产企业之一。2020年，东磁实现营业收入810578.80万元，净利润101509.16万元，现有总资产1024012.04万元。

（1）强产品磁性，重产品品牌，造世界一流产品

东磁是商务部重点培育和发展的出口名牌企业，"东磁"商标被国家工商总局评为"中国驰名商标"。公司生产金属磁粉芯、锂离子动力电池等六十大类上万种规格的产品，其中，高性能永磁铁氧体12系材料，打破日本技术垄断，在永磁铁氧体技术领域填补国内空白，达到国际先进水平。经过多年的发展，东磁的"DMEGC"牌的磁性产品已实现了企业产品和品牌在国际市场的跨越式发展。公司现与世界30多个国家和地区的140多家外商建立稳定的供货关系，如日本松下、韩国三星、法国汤姆逊、美国朗讯科技、德国BOSCH等。东磁的产品市场份额不断提高，同时扩大了世界影响力，增强了市场话语权。为进一步强化东磁境外的宣传力度，积极接洽Freedonia（美国专业磁性行业杂质和论文）、世界电子杂志等，全面接触专业领域内的定向客户群。在这些宣传资料上宣传东磁，通过东磁产品在海外市场的品牌效应，进一步扩大高新技术产品的市场份额。

（2）强产品技术，重产品研发，创行业标准

东磁拥有雄厚的自主研发实力，较强的技术创新和产品开发能力，并制定行业标准。东磁拥有国家级磁性材料技术中心、优秀的科研团队和国际技术交流平台，是国家科技兴贸创新基地、国家知识产权示范基地等。至今，累计完成省级新产品项目190项。2016年获国家技术发明二等奖1项，2019年获

国家科技进步二等奖 1 项，获浙江省科技一等奖 3 项、二等奖 3 项、三等奖 6 项；2019 年获 21 届中国专利奖优秀奖 1 项；2019 年获浙江省专利金奖 1 项；在磁性材料领域中主导制定 IEC 国际标准 4 项、参与制定 IEC 国际标准 9 项，主导制定行业标准 7 项、团体标准 4 项、联盟标准 2 项；截至 2020 年底，拥有有效专利 718 项，其中发明专利 338 项，实用新型专利 330 项，外观设计专利 50 项。创新与研发东磁从不间断。

（3）强渠道拓展，重营销转型，创特色内外营销模式

①建立境外营销服务机构，开展展位接洽和产品培训工作

东磁建立境外营销服务机构，为东磁产品搭建一个推向全球市场的沟通桥梁。建立覆盖全球的东磁产品服务支持网络，为全球的东磁客户提供良好的联保服务，并迎合当地政府大力推动光伏产业，在当地建立太阳能发电站，推广住宅用发电和产业用发电系统。同时，充分利用境外营销机构进行展位接洽和产品培训工作，形成生态型循环营销机制。

②开展跨境电子商务，搭建营销新桥梁新纽带

面对当前各方不确定因素，东磁拓展传统外贸，转型跨境电商。加强公司门户网站建设，成立境外营销服务机构，开展分站点本土化网上营销；入驻第三方电子商务平台，开发新销售渠道，开拓潜在客户，提升利润率，如入驻阿里巴巴国际站、敦煌网、环球资源等平台；东磁公司还计划针对单一国家建立垂直的 B2B 网站，织成多维度、多渠道网络营销模式。

③推行"销售经理＋工程师"新模式，提升产品服务与品牌形象

公司聘请当地销售精英和东磁的销售员强强联合。采用"销售经理＋工程师"的境内外销售服务模式在国外开发销售渠道，在第一时间内回馈解决客户的需求，引导客户对东磁产品的认知度、专业性。同时，增强公司境外销售队伍的业务知识水平，提升东磁境外销售人员的形象和东磁产品在国外销售的份额。

未来，东磁在国内外营销中，始终把眼光瞄向国内外市场前沿，并不断推陈出新。深化国际化战略，进一步加大技术研发、市场拓展、智能工厂建设等

工作的推进力度，服务终端客户新品设计，提升客户满意度，不断加大产品的转型升级力度，增强公司的核心竞争力和抗风险能力。

3. 开展新零售商业模式创新——浙江好易点内外贸一体化案例

浙江好易点智能科技有限公司成立于 2013 年，注册资本 4411.76 万元，已获小米集团、顺为资本战略投资，是一家港澳台与境内合资企业，现有员工712 人，企业规模属于中型企业。

公司主要经营电动晾衣机和户外遮阳篷两大产品，属于其他家用电力器具制造行业，是一家集研发、生产、销售、服务于一体的国家高新技术企业和浙江省隐形冠军培育企业，从业时间超过 8 年，并获得第二批国家级专精特新"小巨人"企业称号。是国内电动晾衣机和户外遮阳篷主要生产厂家之一，目前担任中国建筑装饰装修材料协会金属装饰材料分会副会长、中国五金产业技术创新战略联盟副理事长单位和金华市智能家居行业协会会长单位。

随着信息、流量、成交、结算等"人、货、场"的再造与分化，公司在晾衣机内销业务上积极开展新零售的商业模式创新，把线下的建材渠道、装饰装修渠道、KA 家电渠道、地产工程渠道、社区店渠道与线上的第三方电商平台、官方微商城、官方 APP"好易管"、官方小程序、公众号以及官方自媒体全部打通，同时做好产品售后服务工作，实现从"获客、体验、转化、成交、服务"的一揽子解决方案。

（1）开展新零售商业模式创新

①整合传统渠道：公司全力整合传统渠道，把线下的建材渠道、装饰装修渠道、KA 家电渠道、地产工程渠道、社区店渠道，进行归类，主题列为"ToB"与"To C"，根据渠道类型夯实产品基础与成本精细化，为不同渠道提供有竞争力的解决方案。3 年内，目标做到 KA 家电渠道门店数量第一、单店平均成交量第一、系统影响力第一。在地产工程渠道，要做到 TOP20 地产公司全覆盖，进入战略招采，并能够成功中标。对应建材门店要积极推进在线化，承接线上流量，为客户提供产品体验与安装服务。做到线上线下的有机融合。

②扩展线上渠道：公司在既有优势渠道的基础上，加大了对天猫新类目的

扩张与配合,积极推动天猫建材旗舰店的建立,积极推动天猫精灵旗舰店的合作与推进。此外,还与精品电商"网易严选、网易考拉"进行了首发产品合作。要在3年内做到:全网出货量第一、京东销额与销额第一, 做到淘宝体系年销破亿,也要注重用户体验与口碑,做到全网好评率第一。

③售后服务发展:售后服务是面向客户的最主要环节,在做好产品质量的同时,还要做好产品的售后服务,才能获得客户认可,积累品牌信誉。公司主要围绕如下指标进行精细化管理:安装预约及时率、安装上门及时率、维护反馈及时率、维修完工质量、综合好评率等。设置了围绕"售前、售中、售后"的业务流程与业务管控体系,做好用户使用服务工作。对顾客反映的问题及各类投诉都做到及时受理、答复,对处理结果有监督有检查有落实,并定期对客户进行电话回访和开展客户满意度调查,提高了服务效率和客户满意度;2017年公司被认定为"金东区消费者信得过单位"。在售后物流方面,为了做好产品运输,公司与顺丰、德邦、时空等物流公司签订了长期合作协议,以确保客户下单后能及时收到产品。

(2)拓展专业化销售渠道

公司晾衣机销售渠道的扩展走在了行业前列,全面向实体渠道、电子商务渠道和工程渠道模式布局,形成数字化、互联化、平台化的扁平运营。通过直营+加盟线下销售、天猫+京东网络销售、电视购物及工程销售等多种销售模式,推动以"新零售"为代表的新融合方式与线下门店结合发展方式,抓住市场,占据良好的市场份额。截至2020年年底,公司已在全国建立线下400多个城市1000多家销售网点,同时产品出口印度、韩国、泰国、欧盟等国家和地区。公司率先与KA家电渠道签署战略合作协议,成为京东、小米、苏宁、国美战略合作伙伴,以加强导购与用户对电动晾衣机的认知,提升产品的社会效益。通过东方购物、好享购、家有购物等为代表电视购物频道抓住了中老年群体对晾晒升级换代的需求,牢牢占据电视购物领域的市场份额。

同时公司遮阳篷类产品主要出口欧洲、澳洲、美洲等发达国家,与BAUHAUS、GLOBUS、CASTOROMA、BRICO DEPOT、RUSTA、

Leroy Merlin 等欧美主要国际大型商超和户外产品专卖店建立了长期的合作关系。自 2012 年开始，公司发现海外电商销售商机，与致欧、萌恒、豪雅、傲基、PRIMROSE、EMPASA 等一些当今流行国内跨进电商公司和海外电商公司一同成长，最终在 AMAZON、Ebay、等主流海外电商网站上产品销售份额占比超 50%。在服务好现有客户同时，公司致力于开发新客户与市场，线上投入 ALIBABA、跨境搜、YOUTUBE 等平台，并定期参加线下广交会、德国科隆展、德国斯图加特展、美国 IBS 等知名展会与客户互动。

除了主营产品的渠道扩展，公司还着力于 HOOEASY 海外品牌建设，推动以本公司品牌作为产品销售的代理运营商建设。为了更好地服务终端客户，公司已在德国成立了售后服务中心用于欧洲地区终端客户问题解答。

4. 创新能源解决方案 实现商业模式转型——浙江正泰电器内外贸一体化案例

浙江正泰电器股份有限公司，简称正泰电器（601877.SH），是全球知名的一站式低压电器产品与智慧能源解决方案提供商。

浙江正泰电器股份有限公司成立于 1997 年 8 月，是正泰集团核心控股公司。正泰电器专业从事配电电器、控制电器、终端电器、电源电器和电力电子等 100 多个系列、10000 多种规格的低压电器产品的研发、生产和销售。正泰电器已为 140 多个国家和地区提供了可靠的产品与服务。正泰电器于 2010 年 1 月 21 日在上海证券交易所成功上市，2016 年注入光伏发电资产及业务。自上市以来，正泰电器逐步向系统解决方案供应商转型，构建集"新能源发电、配电、售电、用电"于一体的区域微电网，实现商业模式转型。另外，完善电力产业链各个环节，从单一的装备制造企业升级为集运营、管理、制造为一体的综合型电力企业。

近年来，顺应现代绿色清洁能源、智能制造和数字化技术融合大趋势，正泰电器重点加速推动光伏户用能源综合解决方案的发展。2020 年，正泰电器光伏新能源实现收入 141.32 亿元，同比增长 18.57%，户用光伏市占率蝉联第一。企业 2020 年报显示，正泰电器公司总资产 692.70 亿元，所有者权益

311.82 亿元。

（1）创新营销模式支撑渠道发展

①渠道分销模式

构建"扁平化、集约化、专业化和平台化"的渠道生态，并开展经销分类授权，促进渠道专业发展。正泰电器合理规划渠道长度、宽度、广度，形成以省会城市和工业城市为重点，地市级城市为主体，县级城市为辐射点的分层级营销网络，其中授权设立经销商约 500 家、分销网点约 6000 家。通过淘宝、京东等电商平台及锐固、震坤行等 MRO 商城，建立自营与授权线上渠道销售网络，开展第三方平台的线上推广销售；通过正泰"工业超市""会员店"APP，建立自营线上营销网络，开展自营平台的线上推广销售。全国设立 16 个办事处，授权 500 多家经销商，6000 多家销售网点遍布全国各市县，形成以省城和主要工业城市为中心、地级城市为重点、县级城市与乡镇为辐射点的分销网络体系。

②稳固的铁三角营销模式

根据行业市场和专业客户运行规律，结合正泰产销模式与团队作战特征，面向具有重要性、代表性或趋势性的目标客户，建立以若干铁三角项目拓展小组为业务前端，涵盖产技研输等部门的中台适配调度以及公司资源、经验和决策的后台支撑机制，形成分工明确、程序衔接、组织协同的铁三角营销拓展方式，响应客户需求，实现业务达成。

③区域平台营销模式

为实现在国内区域的共享平台营销模式，正泰电器蓄力跨产业、跨地域资源共享的平台营销模式，设立大湾区与京津冀 2 家平台公司，分别统筹公司电气全产业链产品与新兴业务在大湾区与京津冀区域的运营管理与销售服务，实现区域协同发展。

（2）深化国际销售网络系统

公司从最初的出口贸易，发展到国外代理，再到自建海外子公司，正泰正逐步改变过去单一依靠国外经销商、代理商的销售方式，为占据市场主动，提升客户响应速度，公司在海外市场加快实施"本土化"拓展策略，招聘外籍员工，聘请具有资深行业背景的国外本土专家及人才，在北美、欧洲、俄罗斯、南美、中东和亚太等六大洲区设立超过 20 家销售子公司和 10 多家物流基地，构建多层次国际营销网络。

（3）升级布局全球产业链

公司将产业链全球布局与升级作为公司国际化战略的重要内容。目前正泰产品已远销 140 多个国家和地区，持续为国外的电力、供水、地铁轨交、钢铁、化工、环保及市政工程等领域，提供全面的仪表、电气、监控系统一体化解决方案。

2017 年 2 月，正泰埃及低压开关柜合资工厂在埃及首都开罗正式开业，这是正泰进驻非洲开发的首家区域工厂。凭借正泰多年深耕埃及市场所形成的品牌积累，合资工厂在当地影响力快速提升，其产品已成功应用于埃及新首都CBD 建设、政府标志性商业建筑与住房建设、中建埃及商务中心总包工程、埃及公立医院、国家电力系统配套等重点核心项目，并成功出口约旦、伊拉克等周边国家，迅速积累良好的市场口碑和高端品牌形象。

2017 年 5 月，正泰出资 8400 万元，收购新加坡日光电气公司，进一步强化正泰品牌在新加坡以及东南亚区域的品牌影响力。通过本次收购，公司不仅能进一步实现在东南亚区域的业务增长，并利用日光电气在新加坡、马来西亚和越南的三个工厂，实现本土化生产和就地化服务。以日光电气为基础，通过双方的资源整合，打造正泰亚太区域总部，完善全球研产销一体化布局，推动正泰电器海外业务谋篇布局、践行落地。

2020 年 10 月，正泰出资在柬埔寨设立合资工厂，并于当月开始动工建设，预计 2021 年 6 月投入生产。柬埔寨工厂的建立，将积极参与到当地电网工程建设，以中国品牌促进当地电力事业发展。

5. 借新零售拓宽内外贸一体发展——浙江优全护理内外贸一体化案例

浙江优全护理用品科技股份有限公司（以下简称"优全"），是金三发集团的控股子公司，成立于 2012 年，注册资金 11325 万元，是一家专业生产、研发、销售医疗卫生非织造材料及护理用品的高新技术企业。

优全主要生产、研发及销售医疗卫生非织造材料、卫生护理用品。非织造材料产能超 20 万吨，产品主要有抗老化、防紫外线、抗菌防霉、阻燃等功能。护理用品生产产能：干巾、湿巾 3.8 亿包，纸尿裤 8.7 亿片，覆盖母婴、医疗美妆、家庭及工业清洁护理等领域。优全拥有"贝能""孩子盟""棉品天下""诗帛"等自主品牌，获得"浙江制造品字标产品""浙江名牌产品""湖州市著名商标"等荣誉。

（1）分品类建设特色销售模式

优全销售根据产品品类分为内贸和外贸。同时，护理用品业务又根据自主品牌和 OEM/ODM 业务分团队管理，建有相应的内外贸团队，分团队管理、市场分工明确。优全非织造材料销售以直销模式为主，贸易模式为辅，上述两种模式均为卖断式销售，两种模式的区别在于直销客户为非织造材料制品领域的生产商，贸易客户购买非织造材料后销售给非织造材料下游领域的生产商以赚取差价，优全对于贸易客户的销售区域没有限制。

优全护理用品销售模式分为 OEM、电商平台、经销商和母婴店，OEM 指优全根据 babycare、网易严选、十月结晶等品牌商委托，根据其要求的型号、规格及排单计划组织生产，产品均贴有品牌商标识；优全电商平台销售主要通过天猫商城和拼多多，直接面向终端消费者；经销商模式下，经销商向优全购买产品后，销售给其经销所辖地区的购物中心、中小型超市、母婴店等销售终端，再由销售终端将产品销售给终端消费者；母婴店模式下，母婴店向优全购买产品后，直接将产品销售给终端消费者。

另外，自主品牌的产品还通过微商、微信小程序等对外销售，渠道多样。

（2）联合电商平台促进内外贸发展

①成立控股子公司促电商发展

与电商团队合作，成立控股子公司，利用成熟的电商运营模式在天猫商城、拼多多等平台推广自主品牌的产品。优全现有天猫店铺如下：诗帛旗舰店、优全猫旗舰店、棉工匠旗舰店以及优全生活旗舰店。同时，利用最新直播带货的方式进行直播带货销售，经营模式与时俱进。据统计，2018 年电商销售收入约 3900 万元，2019 年电商渠道销售收入约 6400 万元，同比增长 64.1%，2020 年电商渠道销售收入约 10570 万元，同比增长 65%。

②扩宽外贸平台促电商发展

与跨境电商平台合作，拓宽外贸电商平台，利用阿里巴巴国际站、中国贸易通、中国制造网、环球资源网等国际知名平台进行跨境电商交易，也可以采取线上联系线下交易的经营模式，灵活操作。同时，为了更好的服务外贸，优全招聘除英语以外的韩语、西班牙语、俄罗斯语等多语种销售人员，以提高沟通效率，从而提高业务成交量。

6. 创新经营思路 稳外贸促内销——浙江泰普森内外贸一体化案例

浙江泰普森实业集团有限公司（以下简称"泰普森"）坐落于美丽的浙江省湖州市德清县高新技术开发区内，专注于户外休闲用品领域，是一家集研发、设计、生产、内外贸、品牌运营于一体的户外休闲类企业。多年来始终坚持"专注于户外休闲用品领域，建立核心优势"，秉承"用科技亲 近自然"的企业使命，致力于引领全球户外休闲生活，用绿色思维与先进科技不断满足人们对更高休闲生活乐趣的追求，立志于打造全球一流户外休闲用品企业。

企业主要生产渔具装备、帐篷、户外野餐包、登山包、打猎装备、 户外家具等七大系列休闲产品，产品种类达上万种，产品畅销欧洲及 亚洲等 60 多个国家和地区，连续多年实现销售额增长，是中国最具 规模户外休闲运动用品生产企业。泰普森近年来整体经济效益稳中有 升，社会贡献保持较强拉动，创新驱动保持较强活力。

泰普森以出口为主，主要出口市场为欧美、日韩及澳新等地区， 出口总额占总销售额的 70%，其中对美出口额占总出口额的 25%， 占公司总销售额的 18%。在国内商超、电商、军工、民政、应急后勤等领域也有一定的市场份额，多年来保持较高的增长速度，综合实力居行业前列。数据显示，2020 年，泰普森单位销售收入总额达 37 亿元，同比增长 10.15%，营业利润总额达 2.93 亿元，其中外贸销售额 达 26 亿元，内贸销售额达 11 亿元，具有良好的发展势头。

（1）统筹国内外市场，稳外贸促内销

泰普森坚持做精国内工厂，实现网络化制造布局。坚信制造业的根基还是要放在国内，多年来坚持深入研究智能制造、绿色智造、精益生产和工业互联网等新模式，打造精品智慧工厂，利用网络制造平台，形成设计外包、技术输出、质量检测、公共物流等方面的线下公共服务，并延伸国内外。目前公司在西班牙、越南等地设立国际化制造、采购和服务中心，形成智能化生产＋外包协作＋大供应链采购于一体的国际化制造体系。

泰普森以休闲实业为中心大力发展总部经济，充分整合集团下各个分子公司厦门西域、欧洲西域、美国西域等资源，形成总部国际化的指挥中心、销售中心、结算中心、研发中心，实现以休闲实业为根据地，打造中国国际户外休闲之都。泰普森坚持分散化经营的战略，通过自建平台与海外仓，邀请企业入驻或代销的内外销，以精准到位的网上形象展示和辅助营销、以 ERP 系统的信息管理配合公司的销售部门建立和健全海外销售分支，以形成全球销售经营模式，并建立专业的产品交易平台，通过自有平台和其他平台大力发展电子商务，配合国内外市场拓展。坚持在欧洲、日韩澳新等地区深耕细做，通过英国"SOLAR"、德国"BOLSOL"和"WIGO"等品牌收购和兼并重组实现了较大份额的市场增长，国内这几年泰普森在商超、电商和军工等市场都有较大的收获，今后泰普森还将在"一带一路"国家开辟新兴市场，形成"多点开花、均衡发展"的格局。在此经营模式下，2020 年泰普森销售收入总额达 37 亿元，同比增长 10.15%，营业利润总额达 2.93 亿元，销售收入显著提升。

与此同时，公司目前正打造集户外产品体验、户外产品展示、户外产品零售批发、设计研发、电子商务相结合"五位一体"的超大型综合体，聚集海内外的户外休闲行业资源，形成业界领袖、国际品牌商与销售商、生产商、供应商的对接和聚集区，成为全国乃至全世界范围内具有相当影响力的示范基地。

泰普森的内外销经营模式为其他企业提供了一条经营思路，实现化危为机，稳外贸是一方面，转内销也同样重要。作为企业，应抓住这一机遇，统筹做好国际国内两个市场，实现内外贸一体化发展，促进企业成长和外销向内销的转型。

（2）数字技术赋能销售渠道

大力拓展线上营销。一方面利用现有的海外营销资源打造数字化海外营销平台，联接行业 C 端 + 小 B+ 大 B 等终端和渠道资源，建立产品开发与销售、品牌运营推广、跨境电商、跨国供应链、海外仓、物流配送于一体的数字化海外营运中心。另一方面积极利用 VR、在线直播等新技术赋能传统营销。2020 年广交会期间，公司根据大数据分析的市场趋势，结合最新的防疫需求，采用自行开发的新材料和创新设计，设计 200 多个新款产品，通过电脑虚拟技术设置 VR 展厅，把产品新颖的设计、领先的工艺技术和户外使用场景有机结合起来，让客户的体验更加直观，深受好评。

（3）收购品牌开拓海外渠道

公司历来重视自有品牌的建设，面对多变的国际形势，只有坚持自主设计 + 自主品牌的"双自"战略才能在世界舞台上纵横驰骋。在设计、研发强化的基础上，泰普森倡导从"产品经营"向"品牌经营"发展，以品牌赢得市场、以品牌巩固市场。公司共注册自主品牌有 PORTAL、我飞、Westfield、西域、泰普森等商标。且公司的自主品牌"Westfieldoutdoor"商标于 2012 年被评为中国驰名商标、浙江省著名商标、浙江省知名商号和浙江出口名牌等荣誉，同时全球注册了自主品牌"Westfield"的中文商标"我飞"。公司还在海外注册了两大核心自主品牌"PORTAL"和"TIMBERRIDGE"，收购了英国商标"SOLAR"，并计划收购或并购欧洲一些知名企业的品牌、技术等资源，利用这些企业的资源开拓新市场，进一步提升品牌效应。经过近几年的努力，公司自有品牌渠道的销量已经占公司年产值的 60%，一直以外销为主的泰普森通过京东、天猫、苏宁易购等电商平台积极开拓国内零售市场，全面开展内贸业务，形成国内、国外市场比翼双飞局面。

7. 内外贸"两条腿"走路，展示"内外兼修"新形象——浙江赤诚工贸内外贸一体化案例

浙江赤诚工贸成立于 2014 年 7 月，是一家集生产、贸易、研发为一体的国家高新技术企业。现有 200 多个品种、规格的产品，具备年产 15000 吨高科技多层不锈钢复合材料和 360 万只复合钢锅的生产能力，是国内专业的新型不锈钢复合材料供应商和高端不锈钢锅具制造商。公司不但是苏泊尔、爱仕达、飞利浦等国内外知名厨具企业不锈钢锅具材料供应商或合作商，而且产品出口美国、德国、韩国、土耳其、印度、丹麦、越南等全球 20 多个国家和地区。

新冠肺炎疫情暴发后，很多公司停产、多数物流陷入停顿，导致不锈钢、铝、铜等原材料价格飞涨，彼时国外疫情尚未大规模暴发，与外贸客户已签订的出口合同必须履行，产品要如期交货，赤诚工贸扛住原材料价格上涨带来的压力，积极履行外贸合同，并在市、区政府的协调和帮助下，接回部分外省员工，于 2020 年 2 月 10 日第一批复工复产，在员工紧缺的条件下，加班加点、按期陆续完成出口产品的生产。但随着国外疫情的暴发，外贸客户陆续发函要求延期交货或取消订单，而且出现少部分客户开始违约、失联，导致大量的外贸成品积压、占用公司大量资金和仓储空间，导致公司资金紧张、经营困难。面对这一情况，公司一方面加强研发，不断推出更多适合国内客户用途的不锈钢复合材料以及国内客户喜好的厨房用品；另一方面抓住订单减少，生产淡季的时段对公司的生产设备进行自动化改造和生产工艺优化，提高生产效率，减少对外协工序的依赖，开展"两条腿"走路的渠道建设模式。

（1）"两条腿"走路的举措

①用互联网思维推广品牌知名度

赤诚工贸共注册国内外商标 26 个，并甄选出 1 个品牌重点打造，在电视购物上进行品牌宣传和推广。自 2020 年开始，不但在百度、谷歌等多个搜索引擎上进行广告投入，同时将公司官方网站升级为品牌和集团综合官网，提高品牌曝光度；并进驻抖音和快手直播平台，邀请明星和网红带货销售，加大品牌宣传力度。

②抓住直播契机，努力尝试直播带货新模式

受新冠疫情影响，直播带货成为销售的新渠道。浙江赤诚工贸有近 10 年的电视购物渠道销售的成功经验,企业认为网络直播带货是互联网模式下的"电视购物升级版"。2020 年 2 月,浙江赤诚工贸利用现有展厅空间,开始尝试直播,从最初的淘宝直播,扩展到京东平台直播。到 2020 年 3 月,开通抖音直播,同时积极参与政府组织的各种线下展示和线上直播活动,从中积累丰富的直播经验,尝到了直播带来的销售红利和新销售机遇。到 2020 年 6 月,除在各平台进行产品直播卖货外,还自主或通过第三方传媒机构,联系明星、网红等开展合作,先后与张庭、李湘、胡海泉、罗永浩、于震、涛总裁、张二嫂等明星网红进行了直播合作,取得了良好效果。

③开拓国内市场,填充外贸过剩产能,减轻生存压力

发挥企业不锈钢复合材料的技术优势,配合以企业灵活性好、生产能力强的特点,积极开拓国内不锈钢复合材料和不锈钢复合厨具生产企业需求市场,争取到新的 OEM 订单。2020 年新开拓了一批诸如格力、美的等家用电器生产企业的新客户订单,有效承接了外贸订单少,出口受阻而产生的过剩产能,保证了公司员工"有活干"。积极承担社会责任,做到困难时期不裁员,与社会、与员工共渡难关,极大减轻了公司的生存压力。

④鼓励全员营销,消化库存产品,减轻库存压力

响应国家提出的夜经济号召,制定鼓励全员销售的激励政策,让员工在下班时间以及借助互联网销售公司的各类产品。员工不用进货,利用公司提供的各类产品素材进行互联网社交电商传播销售,销售出去的产品,公司帮助一件件代发,员工只需分享公司产品,不用付出实际的经济成本,无需承担任何压货风险,达成销售目的,不但拉动了公司的销售,也增加了员工的额外收入。

（2）"两条腿"走路取得的成效

①外贸出口下降,国内电商销售大幅增长

2020 年外贸出口 2458 万元,较 2019 年的 2672 万元下降 214 万元,出口降幅达 8.02%。通过直播带货等新销售渠道,国内电商销售实现逆势增

长，由 2019 年的年销售额 1036 万元增长到 2020 年的 1681 万元，增幅高达 62.32%，有效地对冲了外贸的下降。

②开拓了直播带货销售新渠道

从 2020 年初尝试在京东、天猫店铺的直播，到积极参加政府组织的各项直播带货活动，到迅速布局在抖音平台开店、开播，再到后来联系明星和网络红人合作进行直播带货，2020 年度，浙江赤诚工贸通过直播带货销售额达到 870 多万元，不但在直播平台很好地宣传了公司的产品和品牌，同时也打开了一条直播带货销售的新渠道。

（3）下一步渠道拓展方向

一是积极在国内各大二线电商平台和社区电商开店铺货。2021 年度，公司坚持直播带货合作的基础上，将继续发力国内电商布局，在拼多多、快手、苏宁、橙心优选等二线电商平台和社区电商开店、铺货，尝试开拓新的销售渠道，同时锤炼和扩展电商运营和服务团队，提高国内电商销售在公司销售的占比。二是尝试跨境电商，开拓外贸销售新渠道。公司外贸出口受国际新冠疫情、国际经济大环境、国际贸易摩擦以及国际航运集装箱紧张等诸多因素的影响，外贸出口受阻，加上国内电商的成功尝试，2021 年浙江赤诚工贸将尝试诸如亚马逊、LAZADA 等跨境电商平台开店，现已报名参加由婺城区经济商务局组织的跨境电商培训班，以期开拓一条跨境电商销售的新渠道。三是积极参加网上展会，开拓外贸市场。受新冠疫情影响，诸如广交会、德国法兰克福消费品展等线下大型展会很多被迫暂停甚至取消，在很大程度上斩断了外贸接单的有效渠道，但国外客户对中国产品的刚性需求仍然存在，为争取外贸订单，浙江赤诚工贸积极参加政府或会展机构举办的网上洽谈会或线上展会，以期弥补线下展会接单的损失。

8. 多渠道、智能化助力国内外市场开拓——康奈集团内外贸一体化案例

康奈集团创办于 1980 年，是中国皮鞋行业的排头兵，也是中国高端皮鞋制造的主要企业之一。年产销中高档和高档皮鞋规模达 1000 万双，蝉联 6 届中国真皮领先鞋王。康奈充分发挥核心技术优势，开创了高端化、规模化、个性化"三驾马车"定制模式，合脚舒适性高于行业常规产品三倍。2011年，公司推出康奈世家高端品牌和量脚高端定制服务；2014年，康奈试水年轻时尚的消费群体市场，推出潮牌"KINGSTEP君步"，荣膺"2015年东方时尚风云品牌"称号；2015-2016年，创新性推出"康奈制鞋工坊"巡展项目，为上万名顾客提供现场量脚和定制服务。

（1）带头"走出去"，实施多渠道战略

康奈是中国最早在海外开设专卖店的鞋业企业。目前，公司实施线上线下一体化战略，推行传统电商和线下渠道融合发展的"全渠道"模式。

国际贸易部分业务组和ODM设计组，ODM设计组聘请全球一流设计师专为国际一线品牌服务，如BOSS、CK等品牌。以康奈设计、康奈制造为主，贴牌进行生产。2001年1月18日，康奈在法国巴黎开出了中国鞋业第一家海外专卖店，现已在10多个国家开设了100多家品牌专卖店和网点。2006年，康奈牵头在境外组建经贸合作区，成为经商务部批准的第一批8家境外经贸合作区之一，至今，俄罗斯乌苏里斯克经贸合作区已建成集生产、销售、办公、服务为一体的大型境外综合经贸区。

国内贸易部涵盖了分公司，代理商，细分皮具、服饰、内衣等多个事业部，从线下实体专卖店和商场店到天猫、京东等多个线上平台，同时，在唯品会、银泰网、俪人购、工商银行、建设银行、"中国质造"以及微店等平台上均有销售，并建有B2C平台康奈官方商城，实现了线上主流平台的全面覆盖。

（2）基于互联网，实现"云店"智能化

康奈紧抓数字经济时代的新机遇，以互联网＋、中国制造2025.供给侧结构性改革为指引，不断推进信息技术与工业制造的深度融合，大力推进企业"智能"转型升级。

公司推出"康奈云店"项目，以渠道扩展＋商品体验扩展＋客户体验扩展为核心，有效整合云店与各门店的商品，实现各渠道之间的货品信息透明度，实现互相调拨，从而提升货品的运转效能，提升售罄率，降低库存风险。

为更好满足消费者个性化需求，公司开发了云店系统，利用智能 3D 量脚仪，通过对消费者 50 余项脚型数据分析，结合公司第五代鞋楦技术，为消费者量身定做舒适型高端产品。公司目前已经布置 100 余台智能 3D 量脚仪，在全国开展定制业务。同时，公司一直致力于脚型数据的收集整理和应用，利用智能 3D 脚型测量技术，数字化脚型数据库初步形成规模。2017 年，以鞋类集成标准数据和 3D 个性化设计为依托，打造了智慧体验个性化系统。通过顾客在康奈门店输入需求数据，康奈标准鞋楦数据库和 3D 逆向设计端实时响应顾客个性设计和脚型，总部"中央大脑"智能分析对接数据，7 天内顾客收到心仪的定制鞋履，真正实现了智慧终端、智慧零售和智慧工厂的无缝对接。进行渠道扩展：当门店出现断码时，导购员可以直接引导客户在云店下单完成购买；可以有效扩展门店的产品宽度，提供消费者更多的款式选择，增加成交率，提升客单价；通过 LBS 营销，实现对门店的引流，增加进店人数。提高库存周转率：有效整合云店与各门店的商品，实现各渠道之间的货品信息透明度，实现互相调拨，从而提升货品的运转效能，提升售罄率，降低库存风险；将各门店之间，门店与云店之间的库存打通，可以在增加销售业绩的基础上有效减少门店备货。

三、平台驱动模式

（一）平台驱动内外贸一体化机制

平台驱动模式是一种平台企业通过技术赋能、品牌赋能、数字赋能等多种方式带动生态协同的内外贸一体化推进模式。依据平台企业的类型不同，平台驱动模式常见线上和线下两种模式。线上模式，平台企业基于数字贸易特点，通过构建产品标准体系，选择、指导入驻企业提升产品品质标准，同时，发挥自身在品控、品牌、平台、金融、物流等环节的优势，帮助平台入驻企业实现国内国际市场销售。线下模式往往围绕大型线下流通零售集团构建，批零企业面向国内国际建立境内外集采中心、仓储配货中心、售后服务中心等，通过优化境外站、海外仓、境内外供应链体系及国际营销网络建设，搭建行业供应链平台，共同开展市场渠道建设和产品推广。线上线下的平台型企业均可通过品牌赋能、金融赋能、技术赋能、服务赋能等路径发挥支撑作用，带动平台入驻企业提升内外贸一体化水平。

（二）平台驱动模式浙江企业实践案例

1. 赋能新制造 引领新零售——网易严选内外贸一体化案例

网易严选是国内首家 ODM 模式的电商平台。自成立以来，严选打造一套独有的以互联网为主导、以制造为基础、以网易严选为品牌，打通上下游产业链，缩短中间环节，为消费者提供高质价比产品的"严选模式"。2021 年 4 月，网易严选成为杭州市首批以打造巨量订单承接能力为目标，建设高水平实体工厂、组织全球优质制造资源，构建大规模、分布式、多品种制造能力的"聚能工厂"。

（1）全链路品质管理助力制造业升级

严选现已建立起全面的质量管理体系，通过 ISO 9001 质量管理体系、ISO 14001 环境管理体系、BRC 和 A&B 食品经营质量管理体系、医疗器械经营质量管理体系等认证。严选现有覆盖居家、服饰、美食、个护等 8 大品类的 2 万余种商品，与平台入驻企业建立了产品共同开发机制，与产品标准的核心起草单位合作开发品质学院公开课，解读品质标准，让广大供应商了解相关质量风险、正确规避风险，提高产品质量。严选拥有覆盖全品类的品控体系和全链路服务保障能力，向上游制造业输出设计能力、分享生产经验，提升产品质量，以实现推动制造业升级的"引擎作用"。

（2）消费大数据体系推动供需精准匹配

严选发挥互联网平台的大数据功能，助力入驻企业捕捉消费者需求，推进产品改进精准匹配市场需求。比如严选利用大数据帮助传统制造商浙江春风羊绒有限公司（以下简称"春风"）精准定位市场：春风在国内市场有两个自主品牌，网易严选帮春风找到消费者所在意的问题：羊毛衫能不能机洗？发现这个需求后，春风花了 3 个月左右的时间来改良工艺流程。网易严选数据显示，非机洗羊毛衫在严选的好评率为 95%，改良可以机洗后好评率升至 99.6%，带动毛衫品类销量同比增长 20%。通过数据反哺，消费者的实际需求和订单生产得以完美结合，提升了制造企业开拓内贸市场的动力。

（3）数字赋能线下场景引领新零售创新

严选顺应消费者追求生活美感、环保健康的新消费观念，在"工厂直供、电商品牌背书"的基础上，倡导生活美学的商品，丰富线下场景。严选与屈臣氏合作开设"Watsons+ 网易严选"生活美学馆，探索电商与连锁零售商的优势互补可能性；与亚朵合作开设的酒店采用网易严选平台的家居用品，实现"所见即所购"；联手万科、碧桂园等优秀企业，为消费者推出以"家"为核心的"严选 HOME"业务，优化改造青年社区、长租公寓、民宿等多种场景，从企业出发助力城市空间的升级与互联网转型；在成都、上海设计网易严选水屋，完成空间、服务、文化三个层面全面覆盖的场景升级蜕变。

2."数字 + 贸易"赋能义乌小商品转型升级——Chinagoods 平台内外贸一体化案例

Chinagoods 综合贸易服务平台项目（以下简称"Chinagoods 平台"）位于浙江义乌，由浙江中国小商品城集团股份有限公司全资打造并建设运营。依托义乌市场 7.5 万家实体商铺资源，服务产业链上游 200 万家中小微企业，以贸易数据整合为核心驱动，对接供需双方在生产设计、展示交易、市场管理、物流仓储、金融信贷等环节的需求，打造"市场主体 + 业务平台 + 服务平台 + 基础设施"框架体系，致力于实现市场资源有效、精准配置，构建真实、开放、融合的数字化贸易 B2B 综合服务平台。截至 2021 年 4 月底，平台注册采购商 91.59 万，日访问用户达 10 万，访问 PV 达 500 万，正式上线后交易额 57.27 亿元。

Chinagoods 平台在原有贸易生态的基础上通过对服务、监管的优化迭代，以 Chinagoods 平台为核心、市场采购贸易联网平台为依托，打造数字市场、数字交易、数字物流、数字金融等全贸易链服务，以"四张清单"为核心实现贸易智慧治理。

Chinagoods 平台持续集成线上展示交易、便利化通关、信息化物流、数字化仓储、全球化供应链服务、信用数据采集及应用、供应链金融赋能等功能，打造订单、组货、报关、国际运输、收货付款等贸易一站式服务平台。

（1）以数字化基础设施建设推动实体市场转型

深化"数字＋自贸"改革，促进义乌小商品市场的数字化转型。Chinagoods 平台在原有贸易生态的基础上通过对服务、监管的优化迭代，以 Chinagoods 平台为核心、市场采购贸易联网平台为依托，打造数字市场、数字交易、数字物流、数字金融等全贸易链服务。通过完善基础设施建设，直播、支付、寻货、网上营业执照申请、商位质押贷款、国际物流、货款宝等众多功能开发上线，基本实现商品、商人以及市场服务数字化。

（2）以资源整合打造外贸履约闭环

浙江中国小商品城集团股份有限公司搭建数字化控货体系，研发核心产品，打造外贸履约闭环。以"义乌集货仓＋环球义达专线＋海外仓"数字化控货体系为框架，在平台集成线上展示交易、便利化通关、信息化物流、数字化仓储、全球化供应链服务、信用数据采集及应用、供应链金融赋能等功能，将订单、组货、报关、国际运输、收货付款等合成贸易一站式服务平台。计划年内形成"义乌集货仓 +120 条专线 +120 个海外仓"的物流基础设施网络。同时，基于义乌出口额的 80% 采用市场采购贸易方式的事实，在数字化控货体系内，上线货款宝（货不出义乌，先垫付 60% 货款），吸引万千中小微经营户、中小采购商直接进入贸易链条，通过市场采购贸易出口业务线上化，抢占出口赛道，激发市场活力，营造良好的市场环境。

（3）以供货平台为切入点拓展内贸市场

针对内销市场偏零售（to C）的特性以及直播、社区团购、品牌电商缺少供应链支持的痛点，Chinagoods 平台整合资源，充分发挥义乌市场商品优势，建设一站式供应链平台，支持一件代发，打造由供应商赋能渠道商共同服务于

C端的S2B2C模式,挖掘义乌小商品内外贸潜力,激发线上优势,多渠道运营。

未来,Chinagoods平台制定分层培育政策,合理分配资源,重点培育高价值核心商家,推动整体用户结构优化,实现核心商家与平台供应的良性循环。优化平台分销体系,对接精准资源,提升商户获得感。加速融入国际"外循环",推动市场贸易形态转型,推动义乌系海外仓线上规模,数字化控货体系覆盖全球。

3. 后市场服务平台助力行业领军——瑞立集团内外贸一体化案例

瑞立集团是国内领先的车辆底盘控制系统及关键零部件制造商,已发展成为中国商用车制动系统领军企业,企业坐落于"中国汽摩配之都" 瑞安市,注册资金4.13亿元,资产总值63.72亿元,在建厂房占地面积20多万平方米。是全国工商联汽摩配商会常务副会长单位、制造分会会长单位,浙江省汽摩配行业商会会长单位。2020年销售收入47.78亿元,同比增长24.04%。

2018年作为牵头企业承担国家工信部智能制造新模式应用项目"新能源汽车电控制动系统智能制造新模式应用项目"。瑞立坚持创新强企,致力于商用车、轨道交通领域底盘制动系统及关键零部件的研发制造。其中商用车制动系统产品占有率第一,新能源汽车电动空压机技术水平国际水平。

经过30余年发展,瑞立已建立健全、完善的国内外营销网络体系。国内,已为一汽集团、重汽集团、东风集团、上汽集团、福田、江淮、大运、华菱、徐州重工、北奔、宇通、厦门金龙、比亚迪、中通等国内汽车制造厂提供配套服务。与国内外高端客户长期战略合作,与中国十大商用车品牌、中国十大新能源客车企业、中国十大工程车企业、中国十大挂车企业保持长期战略合作关系。产品还全面服务国防,为一汽、陕汽、北奔、重汽等主机厂军车配套,瑞立因此成为"军品指定供方"并连续多年被授予"军品指定供方"称号。国外,则在北美、欧洲、中东等市场设立7家分公司,业务覆盖132个国家, 国内外客户超7万家。

创建独家后市场服务平台

瑞立通过设立商用车后市场服务平台,将数字技术、服务与制造深度融合,以瑞立集团平台资源为根本，瑞立合作伙伴为依托，让商用车汽配流通更为高效、节本、透明，为全国 40 多万家汽修企业提供优质的一站式综合服务。

服务特色：快。瑞立后市场营销终端覆盖全国所有地级市与经济强县，完成 400 家汽配直营连锁网点建设，覆盖全国所有地级市与经济强县，实现 50 公里内 3 小时配送与上门服务，解决最后一公里配送服务问题，快速响应后市场行业汽修厂对汽配的到货效率高与正品配件需求，同时有效推动商用车后市场行业多年来假冒伪劣产品泛滥问题的解决。覆盖全国的仓储物流体系。通过 IT 系统与物联网技术打造全国省级智能仓储中心，平台提供标准化的物流服务 API 接口，逐步完成与第三方物流的业务整合，实现物流状态的实时监控，实现订单流、资金流、物流三流合一，提高平台服务水平；结合平台上直营网点、汽修厂采、销、存与上游企业产能，通过大数据推送全国网点与汽修厂客户合理库存储备，并结合物流运力数据，每日定时配送产品，优化库存，提高效率，降低产业库存成本。

服务特色：准。通过自身配套体系优势与多年信息系统沉淀优化，建立了车型 VIN 码与零配件配型数据中心，并正逐步完善产品数据库，支持产品快速准确匹配。

服务特色：全。通过瑞立集团平台资源合资、收购、控股与产品合作模式，SKU 达 4 万多个，覆盖商用车地盘和制定全领域，可以为用户提供全套产品供应。

服务特色：优。整合上下游企业信息数据，通过大数据优化销售及采购流程，实现产业以销定产 C2B 和 B2B 模式，支持汽配产业供给侧改革；创新互联网营销、服务模式，云化传统 ERP，打通微信、钉钉，并研发行业 APP，结合用户画像大数据，打通原厂内部售后、技术专家服务直达客户需求，结合汽修厂经营大数据，利用 LBS 技术，通过导航与救援服务，将优质汽修厂展现给全国司机，提倡汽修工匠精神，助力汽车后市场诚信体系建立，促进行业服务乱象问题解决。

服务特色：省。通过检测数据确定产品损耗情况，按需进行更换和维护，既保障行车安全，又可为车主节省大量定期更换带来的浪费，按需维保的多种套餐可以大幅度降低车主养护成本。

在国内还将进一步渠道下沉，在经济发达、交易量大的区域增加网点铺设。国际市场继续进行渠道建设，进一步丰富海外市场网络布局，还将加大推广海外市场一站式的批发业务。助力中国商用车后市场发展壮大，更高效、更健康，引领商用车后市场产业生态升级，全面打造竞争新优势。

4. 危中寻机变中求胜　加速眼镜行业突围——瓯海眼镜产业园内外贸一体化案例

瓯海是"中国眼镜生产基地"五大基地之一，2013年荣获"国家外贸转型升级专业型示范基地"，2017年考核复评通过。自荣获国家级基地以来，瓯海眼镜的产业规模、出口水平、研发制造、公共平台、基础设施等方面均在不断提升和完善，产业发展达到新水平。现有眼镜及其相关配套生产企业600余家，2019年规上眼镜产值34.9亿元。瓯海眼镜产业在生产总量、经济规模、资源配置、人才科研、信息化建设、品牌塑造、品质建设等方面均走在全国前列，具有一定的产业优势和特色。

（1）示范带动内外贸联动转型。推动外贸为主向内外贸联动转型，长期以来，瓯海眼镜产业高度依赖海外市场，外贸出口占比近80%。2020年一季度，受全球疫情影响，眼镜出口总额同比下降19.6%，约30%的订单被取消或推迟。面对"将鸡蛋放在同一个篮子里"带来的风险，瓯海区把稳定产业链供应链摆在突出位置，积极引导企业外贸转内销，全力构建国内国际双循环。外贸方面，充分发挥跨境电商园作用，搭建统一电商平台，进一步拓宽海外销售渠道。把握疫情带来的护目镜需求扩大的机遇，发挥眼镜协会桥梁纽带作用，由有资质的企业牵头整合生产资源，形成"共享订单""抱团出口"的外销新模式。亚宝眼镜、八达光学分别取得欧洲CE、美国FDA资质，12家眼镜企业投产护目镜，全区护目镜产能达到日均4万副。内销方面，改变传统的线下批发零售模式，打造线上线下融合的销售模式。在线上，抓住直播营销、网红带货的风口，举办"瓯嗨GO"云购物节、眼镜小镇网红直播月、阿里巴巴国际站·眼镜行业云峰会等系列活动,120 余家眼镜企业开设线上直播,日交易额突破 300 万元。开发微信小程序,利用大数据技术分析消费者偏好,智能推送产品。比如镜享科技眼镜公司创新推出"眼镜自动售货机",消费者可通过 VR 虚拟试戴新型眼镜,其网上眼镜商城 APP 下载量突破 50 万人次。在线下,推进瓯海眼镜小镇品牌街建设,配套完善便利店、咖啡吧、健身馆、餐饮店等商业业态,使眼镜小镇成为网红打卡点。

（2）引导区域品牌建设。评选瓯海眼镜十大品牌,实现"瓯海眼镜"区域品牌集体商标注册,通过构筑品牌运营体系,建立品牌准入标准,营造品牌推广氛围,全面带动眼镜企业品牌化转型。眼镜行业现拥有 1 枚国家驰名商标,4 个省名牌产品和 4 枚省著名商标,8 个市名牌产品和 8 枚市知名商标,11 个瓯海名牌产品,2 个市出口名牌,发布"浙江制造"标准 4 项,"品字标"认证 3 家,区政府质量奖企业 4 家。瓯海冠豪眼镜儿童品牌 SECG 销量已进入全球前三,中民眼镜收购了巴西眼镜品牌 Hickmanm 已成为世界名牌。瓯海作为全球眼镜重要生产制造基地、世界"十大眼镜品牌"的主要供货地区,规模配套、发展水平均已经走在全国前列,产业在积极接轨国际中高端产业链。

（3）建设科研创新平台。以提升产业研发设计能力为核心,成立智能制造服务联盟,推动传统制造业与智能化信息化融合发展。成立了以 20 人博士为团队的中科新视人工智能技术研究院,集聚科技创新服务机构 75 家,完善九大服务体系建设,全方位服务眼镜产业转型升级。现有眼镜行业高新技术企业 13 家,省科技型企业 78 家,省级博士后工作站 1 家,省级眼镜质量检测中心 1 家,省级高新技术企业研发中心 5 家,省级工业设计中心 1 家,省级企业技术中心 1 家,市级企业技术中心 1 家,市工业设计中心 4 家。

（4）建设专业电商平台。疫情对线下经济活动影响明显,同时也催生了新业态、新模式、新经济,提出了实体经济触网入网、上线上云等现实而又紧迫的命题。我区以此为背景,推动企业家转变经营理念、企业转变发展模式,尤其是借助电商平台力量,引导企业加快数字化转型,大胆试水产品网络直销、直播带货等新生事物,努力在逆境中闯出一条新路。如与阿里巴巴、丁香医生、拼多多、今日头条等平台合作，联合打造互联网生态圈，共同推介"瓯海眼镜"区域品牌；在"瓯嗨 GO"云平台专门设置"瓯海眼镜"页面，进行统一销售和网红直播带货，上线单日交易额突破 300 万元。

（5）建设技术创新平台。整合已有的浙江省眼镜产品质量检验中心、省视光产业技术创新服务平台等高端产业研发平台，打造了中国（瓯海）眼镜小镇，积极做大"前店后厂"的模式，建设了眼镜一条街。打造眼镜产业创新综合体，引入创意设计、研究开发、检验检测、成果推广、创业孵化、产学研合作、教育培训等创新资源，变"瓯海制造"为"瓯海智造"。引进全球排名第二的英国天祥集团，共建眼镜质量技术创新中心，与中意青年会达成柔性合作意向，共建"综合体意大利飞地创新中心"。率全国之先成立"温州眼镜学院"，实现定向培养"订单式"人才。引进法国第二大光学镜片商罗敷司德、飞力迪电镀、莫宁特智能等 30 余家单位，突破产业链配套瓶颈。

近年来，瓯海眼镜产业创新服务综合体围绕产业集聚、人才储备、智能制造、品牌培育、科技金融等方面开展全方位帮扶，已取得较为显著成效。在产业集聚方面，引进全球排名第二的检测机构英国天祥集团，以及金都光学、巨隆眼镜、飞力迪电镀等 30 余家上下游配套企业；在人才储备方面，引进"国千"曾希猛教授智能技术团队、美国伍斯特理工大学硕博团队等顶尖人才团队47 个，集聚各类研发机构 86 家；在智能制造方面，实施智能化改造项目 9 项，总投资 5500 多万元，创建全国首条 3D 打印眼镜生产线；在品牌培育方面，孵化姿森眼镜等 3 家外贸公司创建国内眼镜品牌，冠豪眼镜"SECG"品牌、通达光学"Nobody"品牌等已在国内外市场闯出一片新天地。

在未来的发展中，瓯海眼镜产业园会在几个方面做出努力。一是抓推介，在品牌建设上求提高。与新兴传媒合作，用好"瓯海眼镜"集体商标，打好瓯海品牌；组织瓯海眼镜品牌企业抱团参展，扩大瓯海眼镜"浙江区域名牌"影响力；发挥品牌街联盟作用，助推眼镜小镇创新发展。二是抓服务，在提高效率上求业绩。加强走访、调研，了解行业发展走向，及时反映企业诉求；完善、补充 3D 打印方案细则，为更多企业提供服务。三是抓创新，在发展模式上求突破。把新一代人工智能作为推动眼镜产业跨越发展、优化升级、生产力整体跃升的驱动力量；助力"数字化出海"工程，加快数字化建设步伐，努力实现高质量发展。

5. 打造数字化管理平台 助力全产业链协同 ——浙江豪中豪内外贸一体化案例

浙江豪中豪健康产品有限公司成立于 2003 年 6 月，是集研发、制造和营销于一体的按摩器具（主营按摩椅）的品牌商和服务商。公司始终坚持"致力于提升人类健康水平"为使命，专注于为客户提供科技养生的整体解决方案而不断前行。

公司主要生产"iRest 艾力斯特"品牌的按摩椅、按摩床、足部按摩器及小按摩器具等四大按摩器具系列产品，通过对目标产品的不断优化设计，产品的性能有了较大的提高，扩大了产品的用途，产品在激烈的市场竞争中始终保持产销两旺的势头。公司主要产品通过了 UL、FCC、ETL、CE、CB、ROHS、FDA 等国际认证，产品电器安全达到北美和欧盟电器类产品准入标准。根据有关部门统计，公司生产的目标产品，市场占有率已经超过 6% 以上，成为温州市按摩器具行业的领头羊。2020 年销售收入 61344 万元，出口 48241 万元，纳税总额 3263 万元，利润总额 420 万元。主要经济指标在全国同行业排名第三，省内排名第一。

公司秉承"有健康，有未来"的营销宗旨，博采众长，致力于研究开发按摩器具优质健康产品，为 2025 年前实现"人人享有康复服务"的国家战略目标承担社会责任。公司坚持"以人为本、务实创新"的经营理念，以"打造现代一流企业、争创世界知名品牌"为目标，用于服务，优于服务。

（1）建设数字化管理平台

公司致力于通过深度融合贯通自动化控制、智能化感知、人机交互、大数据决策执行和全供应链协同等技术，通过智造 IT 软硬件基础云化构筑豪中豪工业大数据平台基础支撑环境，并以公司总部 ERP、BI、智物流管理系统三大系统为核心，集成 MES 系统、集控中心系统等生产管控系统，同时集成订单管理系统、健康云平台等系统，实现感知、互联和智慧的智能化生产管控模式，实现按摩椅生产全过程的数字化、网络化和智能化，以及产业链的高效协同化。

豪中豪工业大数据平台将以高定位、高起点、高标准的要求，整合上下游产业链的资源配置，提升产业链数字化、网络化、智能化水平，降低运营成本、缩短产品研制周期，进一步提高生产效率、能源利用率，提高产业链经济效益，同时增强企业市场竞争力，促进和提升保健行业发展。

企业在现有生产制造基础上，重点推进生产、装箱、仓储等环节的信息化建设，综合集成构建数字化管理平台，深度利用工业互联网和大数据等技术，将豪中豪生产过程管理水平提升至更高阶段。

（2）打破传统，多元化经营让伙伴放心

经销商作为流通产业中的核心成员，对厂家而言，具有仓储、配送、融资、信息反馈、各类产品汇集、厂家销售力量的延伸、售后服务等多种功能。为了"要千家万户都能使用上按摩椅，让消费者随时随地都能够买到我们的按摩椅"的美好愿望，公司将销售渠道扁平化，并打破了传统一个城市一个经销商的经营模式，转型成"N+1"的发展模式，让一个城市拥有多个经销商，有效地对终端网络进 行多层次高密度的覆盖。通过经销商之间的销量、网络、客情竞争可以有效底提高各经销商主动拼抢终端和服务好终端的意识。在"N+1"的发展模式下，公司又衍生出"1+N"的发展策略，1个经销商可以多个渠道发展，由经销商来发展百货、家具、4S、礼品渠道、政府采购等公司无法进入的渠道。

（3）完善体系，为消费者提供优质服务

公司建立完整的售后服务体系，为客户提供五大服务类别，根据不同的服务类别，提供不同的服务内容。服务内容的严苛，促使公司针对内部的管理进行更深层次的改革。

公司通过将人员、研发、采购、生产、销售等渠道通过信息化系统打通，实现了智能化、自动化生产，提升生产过程管理水平和产品质量水平，提高客户满意度，降低顾客抱怨。

通过"智物流"管理系统，对外包过程进行管控，对供应商提出供货要求，促进供应商的经营管理提升，确保供货产品质量水平，实现合作共赢，继续公共服务平台的打造。

（4）共享健康，体验式消费领跑行业新时代

随着共享经济的诞生，为了让更多的人能够随时享受到按摩椅的体验，不受传统按摩椅地方和价格的限制，公司建立共享按摩椅服务功能，提供按摩椅到各个应用场景中，利用休闲、商务等候场景的碎片化时间提供按摩椅服务。共享按摩椅让大家在疲惫之时，通过共享 APP/ 微信 / 小程序扫描二维码就可以随时随地享受按摩的一款福利共享产品。随着动车站、机场、影城、各大广场等各大商务场景中共享按摩椅的铺开，极大地带动了按摩椅消费，另一方面体验式消费的广告效应也将促进按摩椅的普及。

现如今随着生活节奏加快，人们对健康越来越重视，却难有时间去关注，而共享按摩椅就是利用休闲、商务等候场景的碎片化时间提供按摩服务，使用方便，一次性投入低，若国内渗透率能达到 5%，则市场规模能增加到 200 亿元，共享按摩椅还有很大的增量空间，通过此项目的开展，不仅能提高公司品牌知名度，也能为公司带来巨大的收益。

四、服务驱动模式

（一）服务驱动内外贸一体化机制

服务驱动模式是以发展专业服务机构或服务平台推动国内市场体系优化升级为目的的内外贸一体化推进模式。独立的专业服务企业或企业专门构建的服务型平台通过服务赋能，助力外向型企业实现内外贸一体化。此类专业服务包括但不限于品牌培育、品质控制、文创设计、技术孵化、咨询服务、金融保险、法律、知识产权保护、物流运输、人力资源管理等，通过为专注生产、研发等环节的外向型企业提供专业服务，帮助企业解决内外贸对接的痛点问题，如国

内品牌培育、知识产权保护、营销渠道构建、流通效率提升等，通过专业服务赋能企业实现内外贸一体化，并培育国内市场体系的服务主体，提升国内市场体系成熟度。服务驱动模式对于浙江推进内外贸一体化建设意义重大，尤其适合浙江生产制造优势明显、中小民营企业众多的特点。通过大力发展商贸流通等专业服务机构，推动生产企业以市场化手段获取价值链上下游的增值服务，推动传统生产制造企业实现转型升级，推动中小企业专业化发展。

（二）服务驱动模式浙江企业实践案例

1. 创新共享经济 服务商贸企业——贸点点内外贸一体化案例

贸点点是浙江先合信息技术有限公司旗下第三方网约品控及防伪溯源平台。2016年9月上线，2017年被杭州市商务委列为重点外贸综合服务平台，2018年入选国家共享经济典型平台。公司运用共享经济理念及"互联网＋"手段，一端连着专业的QC（质量控制人员），一端连着海外采购商、采购商中间办事处、贸易中间商、国内生产商、网上零售商用户，提供验货、质量问题解决、验厂、监装在内的全程品控服务及防伪溯源服务。目前，公司拥有7万多名专业品控人员，专业覆盖26大类全行业，地域覆盖全国各地。

（1）服务外贸企业，助推内外贸顺滑切换

贸点点以专业品控为切入点，运用互联网思维开展服务创新，帮助中小外贸企业解决痛点。目前多数外贸企业会雇用专职QC人员，但面临成本高、效率低、专业度不够等问题，若雇用传统第三方检测机构，则存在费用高、商业模式陈旧、注重结果判断、缺乏过程品控等问题。贸点点通过创新服务模式解决了以上痛点：一是降低成本，企业将QC业务外包，有需要时在贸点点平台上预约即可，品控过程可节省80%以上成本。二是提升质量，贸点点应用大数据和注册QC人员信用记录，保证选派到企业服务的都是所需检测品类的QC专家，可以帮助企业及时发现问题、解决问题，确保质量。三是提高效率，贸点点通过大数据分析，可将最近的QC人员派往受检企业，缩短差旅时间，同时应用AI人工智能技术，可确保境内外客户在服务平台上与

QC 人员实时沟通互动。四是避免利益输送，平台可实现多方联动，QC 人员现场工作情况全程直播，可实现公开透明、有效监控。

（2）服务外综服企业，降低外贸服务风险

外贸综合服务企业是为外贸企业提供综合服务的企业，可以帮助中小外贸企业降低成本，从而推动我国外贸转型升级。风控是决定外综服企业发展的基准线，在其风控体系中，提供准入时现场看厂、现场验货、实地监装等服务，是极其重要的一环。贸点点为企业提高专业高效、方便快捷、透明诚信、高性价比的品控服务。比如外贸综合服务平台通过贸点点验厂，第一时间了解企业的生产经营能力，大大降低了平台风险；为中小外贸企业提供外贸配套服务的平台通过贸点点监装服务，确保货物能按时按量且真实的装运，降低甚至避免潜在的骗税风险。

（3）服务线下商城，打造无假货消费环境

贸点点联合中国防伪行业协会，向商家及品牌方提供高效、透明、有公信力的第三方品质保障及赋能服务，打造"货真价实、质量安全、服务优质、纠纷快处"的消费环境。贸点点选派专业品控审核人员触达产品生产现场，开展源头核验、抽样、封样、送检、监督贴标等服务，证明产品真实性。同时将现场抽检的每批次号产品进行质量检测，确保产品质量。服务过程全透明，商家或政府管理机构可通过贸点点平台的直播、视频、音频和图文传送功能，对品控审核人员的服务全过程进行监督、指导和互动。服务全程会通过区块链存证和公证处公证手段进行证据链留存。消费者只需用手机轻松扫码，就能获得有关商品质量和真伪的所有权威信息，确信所购产品为质量合格的真品。

2. 内贸外贸并举 打造实体市场标杆——浙江中国小商品城集团内外贸一体化案例

浙江中国小商品城集团股份有限公司创建于 1993 年 12 月，系国有控股上市企业，独家经营全球最大的小商品批发市场——义乌中国小商品城，2019 年公司总资产规模达 313 亿元，是我国商贸领域头部企业之一。

公司致力于为 200 多万家全球中小微企业搭建共享式贸易服务平台。同时，依托小商品城优越的商业环境和得天独厚的市场资源，大力发展电商、大数据、供应链、金融、物流仓储、会展旅游等行业，逐步形成了市场主业与相关配套产业协同发展的良性局面。

近年来，公司主动融入全方位对外开放新格局，积极响应经济高质量发展新要求，自觉参与"两个样板"城市建设，立足义乌市场特色与优势，加速体制机制与业务板块创新，推动义乌市场形成线上线下融合、进口出口联动、境内境外打通、内贸外贸并举的贸易体系。2020年3月，义乌综保区获批，由商城集团建设运营，打造数字化综保区，并建设境内关外的新型进口市场，形成新的增长极。

当前，公司紧紧围绕国内国际双循环发展格局，聚焦市场主业和数字主线，全力打造"贸易服务能力最强、信息化程度最高、营商环境最优"的实体市场标杆，加快建设全场景全链路线上化贸易综合服务平台（www.chinagoods.com），全面布局综保区、第六代市场、eWTP数字贸易枢纽等全球新型设施，培育壮大进口、仓储、义乌好货、国际四大板块，加强与资本市场联动，加速向国际贸易综合服务商转型，努力成为赋能大众贸易的全球商贸领军企业。

（1）打造特色内外销经营模式

①在区域协同中抢主动，对接强大国内市场，建设服务国内大循环的市场标杆。针对国内统一大市场建设不充分、不均衡等问题，充分发挥义乌市场与全国其他地区产业集群紧密联系优势，合作建设以市场为特色的现代商贸流通体系，在促进区域协同发展中作出义乌贡献，实现更大范围山海协作、东中西协同。

a. 建设"百场万店"专业市场联盟，共拓强大国内市场。发挥"义乌中国小商品城"品牌优势，加强与全国近200个商品市场开展多形式合作，布局万家以上分销网点，带动7.5万商户以多种方式对接国内市场，构建"市场主导、服务联动、互利共生"的国内专业市场体系。

b. 实施"百城万链"物流提升计划，共建高效物流服务体系。对接100个全国物流枢纽和物流节点城市，布局数字云仓、智慧物流等项目，培育具备全国性、区域性"干支配"整合能力的头部物流平台，集聚 10000 家以上产业链供应链服务企业，形成高效的内循环物流体系。

②在应对变局中抢先机，推进国际贸易服务前移，建设连接国外大循环的开放枢纽。主动应对外部贸易形势挑战，巩固优势、提质增效、创新发展，充分发挥义乌市场"西边不亮东边亮"的应变能力，以更加开放的胸怀，展现构建开放型世界经济的义乌担当，促进全方位、多层次、多元化的开放合作。

a. 实施"百仓万企"贸易节点项目，织密联系全球的商贸网络。推进商品市场前移，在往来较为密切的贸易节点城市，合作布局 200 个海外仓、境外站、海外分市场等境外展贸平台，服务 10000 家以上中小微企业跨境贸易，让每个平台成为向世界展示义乌一流商贸服务的窗口。

b. 实施"百线万点"国际畅运项目，建设融入"一带一路"的贸易金丝带。推进物流服务前移，打造 100 条以上国际专线物流，串联覆盖全球的 10000 个以上物流服务站点，参与建设陆上、海上、空中丝绸之路，形成以义乌为支点"全球运、全球递"的高时效、低成本跨境集疏运体系。

c. 搭建"百国万商"采购快捷通道，促进商务往来与合作交流便利。推进涉外服务前移，千方百计克服疫情影响，以广大侨商、华商以及 100 多个国家和地区的 1.5 万常驻外商为重点，创新高效便利的出入境、经商、居留服务模式，搭建国际经贸交流平台，让义乌成为全球客商成就事业、创造美好未来的热土。

③在把握市场趋势中抢空间，培育和集聚贸易发展新动能，建设联通国内国际双循环的商贸节点。适应商贸数字化、自由化发展和消费升级的新趋势，坚持尊重群众首创和力行党政有为相结合，更好发挥义乌市场联通内外贸的纽带作用，叠加自由贸易试验，在高效统筹国内国际两个市场、两种资源中展现义乌作为，形成在全球组织进口出口的双向自由便利通道。

a. 打造"百馆万货"新型进口市场，共享扩大进口发展机遇。在进口市场孵化区基础上，建设"境内关外"新型进口市场，设立 100 个示范带动强的特色馆、展示不同文化文明的国别馆，创新发展"保税+"展贸业态，成为展示世界各国超 15 万种优质商品的窗口和分销中心。

b. 实施"百院万创"名品提升计划，共聚创业创新服务要素。推动市场提质创牌，与 100 所以上的设计院校开展深度合作，培育 100 个优秀设计团队，集聚 10000 名设计人才，研发 10000 种创意设计产品，打造小商品创新策源地。

c. 打造"百行万户"数字贸易平台，赋能中小微主体发展新业态新模式。线上线下综合服务平台服务日用消费品细分行业 100 个以上，为 200 万中小微主体交易、物流、支付等添上数字贸易"翅膀"，在发展新商业、对接新消费中赢得商机。

d. 实施"百区万款"高能级开放平台联动工程，拓展贸易创新发展空间。释放自由贸易试验区和综合保税区改革集成、优势互补、功能叠加的乘数效应，推动 154 个海关特殊监管区、21 个自由贸易试验区以及 19 个自由贸易协定"朋友圈"政策互通、发展联动，促进 10000 款以上特色商品高效自由流转，形成引领开放合作的"协作圈"。

（2）创新拓宽内外贸经营渠道

①外派团队开拓渠道

在长三角、珠三角经济带及其他进出口贸易优势城市设立驻点联络处，并划分华南、华东、西南三大片区统筹开展工作。一是依托驻地建立宣传阵地，推介义乌市场、展会及公司形象，推广"义乌好货""爱喜猫"等公司自有品牌，提供业务咨询服务，扩大公司在外影响力；二是与地方商协会、二级市场、媒体等进行走访、沟通、公关工作，参加重要的经贸展会，做好当地客户资源的开发与整理，促进友好交往、招商引资与务实合作；三是定期走访商协会、专业市场、采购商、批发商、生产企业等，收集与集团经营业务相关的贸易、会展等行业最新情况，筛选意向入驻企业，定期回访，为项目后续招商做好蓄能工作；四是协助做好集团市场"万里行"工作，对接当地有合作意向的单位。

②打造来料加工对口帮扶新模式

建设全国首个巾帼助农创业基地,进一步发展义乌来料加工对口帮扶模式,展销地方手工艺品等特色商品。通过线上线下协同发力,一手牵市场、一手牵农户,充分发挥商城集团整合市场资源、商会协会的作用,通过加强货源组织、资源对接、技能培训、改善管理等,优化现有粗放型来料加工模式,探索培育来料加工对口帮扶新模式。

③布局海外数字贸易枢纽(海外仓、境外站)

在 eWTP 合作框架下,以"一带一路"沿线国家及地区为重点,通过国际物流专线和国际物流信息平台布局海外数字枢纽。年内新增海外仓 30 个;3 年内布局海外仓 200 个以上,服务 10000 家以上中小微企业开展跨境贸易。向加盟海外仓提供"品牌 + 信息化 + 流量 + 业务"赋能,授权使用义乌中国小商品城海外仓品牌,免费提供海外仓管理系统,优先导入义乌货物流量,植入进出口商品展示功能。累计签约 66 个(签约面积 267642 平方米)。目前集团自有迪拜、卢旺达、捷克 3 个,自有与加盟合计共布局海外仓 69 个,覆盖加拿大、俄罗斯、菲律宾、西班牙、波兰、尼日利亚、巴基斯坦等 41 个国家。

④打造"环球义达"国际物流专线平台

通过海拼、陆铁、空快"门对门""一站式"方案为中小微贸易主体提供产品出口、清关和仓储服务,解决费用高、不透明、效率低等跨境物流难题。打造宁波舟山港第六码头,鼓励发展网络运输企业、多式联运企业,建设海上直达货运新通道,实现义乌始发货物直达目的港、目的城、目的仓。引入国内重要机场的航线和邮路资源,联接上海、香港等国际枢纽机场。专线物流产品实现出口信用保险全覆盖,80% 以上的专线运价低于市场价 20% 以上。截至目前,平台已累计开通国际物流专线 120 条,覆盖德国、英国、法国、西班牙、意大利、荷兰、奥地利、瑞典等 67 个国家,600 余个城市。

⑤打造海外集货平台

为商城集团赋能开展海外中小微企业商品准入、人员往来等政务延伸服务。发挥境外进口贸易服务中心功能,提供物流、仓储、分销、金融等商务服务。

建立海外中小企业信息库，帮助国内进口贸易主体接洽海外工厂，提供海外创牌、OEM 代工业务对接服务，扩大特色优势产品进口。

⑥拓展进口商品分销网络

以"爱喜猫"自主进口品牌为核心，整合义乌市场海量进口商品资源，以品牌授权、业务对接、渠道共享等多种合作方式，链接进口商品核心供应商与终端零售商，快速对接存量零售终端、连锁店等渠道资源，建立进口商品自营＋合作分销体系。

3. 坚持科技兴企 创服务标杆企业——浙江德马科技内外贸一体化案例

浙江德马科技股份有限公司成立于 2001 年 4 月 29 日，注册资金 8567.6599 万元。公司位于浙江省湖州市吴兴区埭溪镇上强工业园区，占地面积 10 万多平方米，厂房面积 5 万平方米，拥有先进的数控加工及各种检测设备，加工精度达到同行业国际先进水平。

公司成立之初是一家小型机械加工企业，经过二十年的快速发展，目前已成为科创板上市企业、国家级绿色工厂、国家级"专精特新"小巨人企业、国家高新技术企业、国家知识产权示范企业、浙江省创新型领军企业、浙江省专利示范企业。

公司主要从事智能物流系统及装备的研发、生产、销售及服务，主导产品"智能输送分拣系统及其关键设备"主要技术参数达到国际先进水平，其中多个产品填补了国内空白。上述产品具有高品质、标准化、模块化的特点，被广泛应用于电子商务、快递、服装、医药、烟酒、食品、通信、百货、装备制造等行业的大型物流中心，目前国内市场占有率处于领先地位，并在中国电商、快递行业的市场占有率达到 60% 以上。近些年公司顺应国际化战略，在澳洲、罗马尼亚等地建立了工厂，在全球各大目标市场设立了销售机构，服务已覆盖美国、欧洲、墨西哥、俄罗斯、东南亚、澳大利亚等国家、地区。

公司长期坚持科技兴企、创新强企战略，在物流输送分拣技术的研究应用方面，始终处于国内领先地位。公司所研发、设计、制造、销售的物流装备和所服务的客户涵盖物流全产业链的工厂端、流通端、消费者端等重要节点。公司全面布局智能输送分拣技术、智能驱动技术，是国内物流装备产品线较早覆盖物流全产业链的企业，也是自有物流装备产品线较全的企业。

（1）以良好的技术服务建设标杆企业

公司凭借持续创新的装备制造优势、先进稳定的生产工艺和良好的技术服务，为国内外众多行业的标杆企业提供了智能物流系统解决方案、关键装备及核心部件，核心用户包括京东、苏宁、亚马逊、e-bay、华为、顺丰、唯品会、菜鸟、盒马鲜生、安踏、百丽、拉夏贝尔、新秀丽、九州通、广州医药、JNE、LAZADA 等行业标杆企业，还包括今天国际、达特集成、中集空港、瑞仕格、范德兰德、大福集团等国内外知名物流系统集成商和物流装备制造商。

对于智能输送分拣系统、关键设备项目，公司采用直销模式，根据客户定制化需求进行设计、制造、销售和服务。

智能输送分拣系统、关键设备项目的获取方式包括招投标获取、协商获取两种方式。对于招投标获取方式，获得项目信息后，公司组建包含销售、规划设计、软件、机械以及电控等专业技术人员在内的项目小组，从技术、商务、财务等角度研讨方案，形成投标书或报价单。对于协商获取方式，客户向公司发送产品需求，通过比较技术方案、询价、比价的方式确定设备供应商。

对于核心部件的业务，公司采用直销模式，获取方式主要为协商获取。客户提出技术需求后，公司出具满足客户需求的技术方案，经客户询价、比价后，确定合作意向，签订订单或合同。

（2）服务范围涵盖物流全产业链

公司所研发、设计、制造、销售的物流装备和所服务的客户涵盖物流全产业链的工厂端、流通端、消费者端等重要节点。公司全面布局智能输送分拣技术、智能驱动技术，是国内物流装备产品线较早覆盖物流全产业链的企业，也是自有物流装备产品线较全的企业。

在工厂端，智能输送分拣装备主要应用于智能制造工序间的物流及厂内物流，包括智能供料系统、线边暂存系统、智能包装码垛系统、跨楼层作业、进出库系统等多个分系统，输送分拣系统可贯穿于智能制造的整个流程，为高效、准确地完成制造作业任务提供物流支撑和保障。公司所制造的标准快存设备模组、箱式输送设备、AGV 机器人等可为智能供料系统、线边暂存系统提供解决方案；所制造的码垛机器人可解决智能包装码垛作业；所制造的垂直输送机可解决跨楼层运输作业；所制造的托盘输送设备可解决自动立体库的进出库作业。报告期内，公司已为华为、新秀丽等国内外多个制造厂商提供应用于厂内物流的输送分拣关键设备及解决方案。

在流通端，仓配中心与末端配送站点组成了商品物流网络。仓配中心不仅承担了贮存、保管作业，同时还兼具来货检验、流通加工、拆分组合、拣选、包装、路径分拣、退货处理、信息处理等诸多功能，仓配中心作为物流产业链中的关键节点，必须依赖于高度自动化、智能化的物流装备才能高效、准确、及时地完成订单处理任务，而智能输送分拣设备如同"主动脉血管"贯穿仓配中心内的商品流动全过程。在仓配中心内，公司所制造的托盘输送分拣设备可以完成整托货物的进 / 出立体库作业，箱式输送分拣设备可以完成补货作业、退货处理、拆零拣选、缓存集单、复核打包及与路径分拣设备的链接，垂直输送设备可以完成跨楼层的商品流通作业，分拣设备可实现快速、高效、差错率低的分拣作业。另外，根据用户实际的应用场景，公司制造的标准快存设备模组可以完成缓存集单功能。报告期内，公司所制造的输送分拣系统、关键设备及核心部件广泛应用于电子商务、服装、医药、快递物流、烟草、零售等诸多行业的流通端，核心用户包括京东、苏宁、亚马逊、e-bay、顺丰、唯品会、菜鸟、安踏、百丽、拉夏贝尔、九州通、广州医药、JNE、LAZADA 等行业标杆企业，还包括今天国际、达特集成、中集空港、瑞仕格、范德兰德、大福集团等国内外知名物流系统集成商和物流装备制造商。

在消费者端，物流产业主要解决的是最后一公里快递包裹如何高效、准确地送到用户手中的问题。公司为顺丰开发智能快递柜，投入使用后获得广大用户好评；公司利用快存设备模组、箱式输送设备、分拣设备、AGV 分拣机器人为盒马鲜生建立了餐品集单缓存系统、后厨配送系统、智能机器人送餐系统，利用智能输送分拣装备将订单处理与仓库、后厨、前厅服务串联到一起。

目前，公司产品主要应用于流通端领域，开发更多的面向工厂端领域和消费者端领域的智能输送分拣装备是公司未来产品的发展方向。

此外，电子商务、快递物流、智能制造的快速发展对与之配套的智能物流装备的持续稳定性要求不断提高。为此，公司开发了"机器顾问"物联网数字化平台，利用物联网与人工智能技术，对物流装备运转状态进行监控，生成维护计划，将设备科学地进行预防性维护，并实现了软件与控制系统远程在线维护，大幅强化了物流装备系统设备的持续稳定性与可用性；未来，公司将继续进行该"数字化平台"功能的延展，力争为客户创造更多价值。

（3）向国际市场提供高性价比服务

公司将以中国市场为主，加大国际市场的投入，向国际市场输出公司的产品、服务及品牌。公司将基于标准化、模块化的产品优势及规模制造优势，依托海外子公司及海外本地化的合作伙伴，服务国际市场的智能输送分拣系统的项目，并提高面向国际市场的关键设备和核心部件销售能力。

目前公司在澳大利亚、罗马尼亚设有 2 家子公司，分别为德马澳洲、德马欧洲，其中德马澳洲主要负责澳大利亚地区智能输送分拣系统、关键设备及其核心部件的制造、销售、服务，德马欧洲主要负责欧洲地区的智能输送分拣系统、关键设备及其核心部件的制造、销售、服务。

公司的国际化得到了快速的发展，已在罗马尼亚、澳大利亚等地设立子公司并建立本地化运营团队。公司建立了适合国际市场的标准化、模块化产品体系，以适应全球销售、运输、现场安装、售后服务等的特点和要求。目前已积累了超过 150 个海外客户，充分利用中国基地的研发能力和大规模制造优势，为国际客户提供高性价比的输送分拣核心部件、关键设备及系统集成解决方案。

五、研发驱动模式

（一）研发驱动内外贸一体化机制

研发驱动模式是一种强调技术为核心要素，通过长期大量的研发投入，布局全球研发体系，通过技术优势获得国内外客户，实现进口替代的内外贸一体化推进模式。

企业通过设立大型研发中心、实验室或工业设计中心，招募高级技术人员组成研发团队，创新体制、开展产学研合作、构建良好的创新条件，研发过硬的核心技术。以企业自身的研发能力获得授权专利，填补国内空白，达到国际先进水平，把核心技术和重大成果转化为市场竞争力，打破国外技术垄断。与此同时，创新制造管理模式，以智能制造引领产品提质增效。针对不同的市场特点，发挥技术红利，开拓国内和国外市场，使下游企业实现进口顺滑切换，扩大企业的世界影响力，增强市场话语权，以技术引领产品全球拓展。

（二）研发驱动模式浙江企业实践案例

1. 研发实现进口替代，创新振兴民族工业——三一装备内外贸一体化案例

浙江三一装备有限公司（以下简称"三一装备"）位于浙江湖州，系三一重工股份有限公司全资子公司，其前身是上海三一科技有限公司。目前年生产各型履带起重机可达 800 台，产值可达 50 亿元，二期规划年产能 1300 台，预计实现销售收入 100 亿元。在完成企业自身产品升级的同时，三一装备填补了国内多项空白，推动了整个行业的进步，实现了履带起重机的国产化，擎起了振兴民族工业的大旗。

（1）研发铸造品牌之魂，品质立足世界舞台

三一装备作为三一集团履带起重机全球生产基地，拥有国内同行业中最强大的研发团队及最先进的研发试验手段和设施，自主研发的履带起重机不断刷新中国、亚洲乃至世界纪录。作为行业领导者，三一装备不断引领中国履带起

重机行业的科技进步和产品升级换代，是国内首家成功实现履带起重机超起功能的企业。截至 2010 年 5 月，浙江三一装备共申请专利 166 项，软件注册权 5 件，其中已授权专利 102 项。三一人追求品质改变世界的步伐从未停止。

（2）专注产品涅槃升级，全面实现进口替代

中国工程机械行业能赶超外资品牌的重要内核是产品研发。2013 年国内市场正经历低谷时期，公司研究院负责人带领研究院一行 20 人赴泰国实地考察，连续艰苦奋斗 6 个月，从市场特点、施工案例和工况条件等入手，研发出了第一款大吨位出口机型 SCC6500A，从此打开了东南亚大吨位重型设备市场大门。自此之后，国内市场对该款履带吊机型需求持续增多，同时配合国家大力发展风电行业之势，本产品在 2015 年被三一装备内部评为最受欢迎大吨位产品。

据中国工程机械工业协会统计，2002 年到 2011 年我国工程机械行业销售入年平均增长率达到 24.6%。国内市场国产工程机械自给率从"十五"期末的 82.7%，提高到 2017 年的 94.11%。目前，三一装备的主导产品已基本取代进口，并出口到 150 多个国家和地区，遍布全球各大重点工程。三一装备所有产品的核心部位如发动机、主泵、液压元件等关重件也从原来的进口实现了自有品牌产品替代。如今三一装备已跻身国际工程机械行业第一梯队，对标美国卡特彼勒和日本小松公司。

（3）统筹规划产品设计，实现内外贸一体化

公司质保部创立了国际国内两条质量检查线，对于国际部门还分为中高低市场，不同的市场有不同的质量要求，例如欧美机型有独立的机罩和关重件质量检查步骤。对于不同的内外部市场，三一装备从产品出发，针对同吨位级别的产品，量身定制了国内版本和国际版本，部分机型可以国内外通用。与大多数内外贸转型不同的是，三一装备基于大型机械设备行业特殊的背景，另辟蹊径，从中端国际市场出发，积极研发产品，对于差异化部分，因地制宜，设计同产品不同配置，对于一体化部分，融会贯通、改变价格，一切为客户服务，真正做到内外贸市场产品打通，实现内外贸一体化发展。

在全球制造业的产业格局中，以三一重工为代表的中国制造业企业正在打造属于中国的世界级品牌，致力于改变"中国制造"以往价值链低端的产品形象，成为高品质智造的标签之一。未来将着力从三方面推动公司发展：一是由过去关注发展中国家市场向关注发达国家市场转变；二是由简单的产品出口向企业出口转变，即由过去主要出口产品转变为研发、服务、发展模式等系统输出，也就是要由中国经验法走向世界经验法，布局全球研发体系；三是响应政府号召，从多渠道开发产品，开展跨境电商业务创新，在政策指导下推进内外贸一体化发展。

2. 坚持自主研发创新 内外贸双轮驱动——浙江戈尔德内外贸一体化案例

浙江戈尔德智能悬架股份有限公司成立于 2008 年，注册资本 7318 万元，是国内减震器领域的龙头骨干企业。公司是国家高新技术企业、"专精特新"小巨人、省隐形冠军、省级科技型中小企业、省上云标杆、省信用管理示范企业、省级制造业与互联网融合发展示范试点企业、省出口名牌企业、省绿色工厂企业，拥有省级企业研究院、省级高新技术研究开发中心、省工业互联网平台、省级数字化车间。公司当选 2018 年度中国汽车售后零部件服务品牌价值提升企业、2019 年度汽车售后零部件行业服务质量高采购方优选 30 强企业。公司 2020 年营业收入 83532.97 万元，净利润 15268.9 万元，同比 2019 年净利润 8719.18 万元增长 75%。

戈尔德是国内专业的汽车悬架系统方案提供者，主导研究汽车减震系统与整车匹配的技术方案以及配套产品制造，具备年产能 1500 万支汽车高端减震器的生产能力，公司属于汽车零部件及配件制造行业。

戈尔德从事的具体细分领域是汽车减震器行业，属于汽车零部件市场中的售后市场。我国汽车减震器行业的起步落后于整车工业，中国汽车市场的平均车龄已达 6 年，减震器更换周期为 4-6 年，迎来了售后市场维修的爆发期，预计 2022 年的民用汽车用减震器维修量将增长至 2859.77 万根，市场空间非常巨大。

戈尔德是我国汽车减震器行业的龙头骨干企业，减震器产量占全国产量的比例从 2018 年 12%，提升到 2020 年的超过 20%。公司产量三年来在国内汽车减震器行业内排名从 2018 年全国第二到 2020 年全国第一。减震器出口量占全国同行业第一，戈尔德在细分领域从业时间十三余年，是浙江省高端减震器汽车零部件重点企业之一。

公司作为国内专业的汽车悬架系统方案提供者，深耕汽车减振系统与整车匹配的技术方案以及配套产品制造。继续保持与国内外知名汽车厂家、国内头部电商平台、减震器经销商的密切合作，并积极开拓新客户，继续扩大市场占有率。同时，依托在全球汽车减震器售后市场的影响力和市场地位，以及美洲、欧洲、亚洲、大洋洲和非洲等地积累较高的信誉和口碑，积极推动品牌全球化，建立全球分销中心，强化企业生命力；扩大海外投资，设立离岸工厂增强竞争优势；积极筹备上市计划，用良好的业绩回报社会。

（1）"同线同标同质"质量建设和品牌建设

在面对国内汽车售后零配件存在着低价竞争的市场形势下，公司成立初期将减震器产品的战略定位为外贸中低端售后市场，先取得生存的机会再进一步发展。外贸市场中低端售后产品有利润低、质量要求高的特点，外贸模式稳定的现金流和相对公平的竞争机制为公司稳定了订单和客源。公司于 2009 年就取得了 TS16949 认证，随着公司的发展，公司导入了精益生产管理和卓越绩效管理模式，陆续取得了多项认证。通过标准的建立和运行，每年接受三方定期监督审核与各大客户几十余次的二方审核，公司所有产品的制造过程，都严格按照"同线同标同质"标准体系执行，产品质量得到有效的保障。

公司的乘用车支柱式减震器广受市场好评，2018 年公司主导制定了"浙江制造"标准并获得浙江制造品字标认证，满足终端用户体验感为公司一贯追求的目标，公司产品不论是内贸还是外贸产品，都是沿用统一的质量标准，建立公司"GOLD"的品牌形象。现在戈尔德品牌已成功在国外多国注册商标，并获得市场认可，多次获得国内、外客户授予的"优秀供应商称号"。

（2）迁移产业链，扩大内贸销售份额

公司定期参加法国、德国、美国、俄罗斯、迪拜等国际重点汽车配件展会进行宣传；与专业的网络推广网站如 TECDOC- 泰案联建立合作关系；疫情期间积极参加线上展会；市场开发团队在 Facebook、抖音、微信公众号等社媒体上面向广大的目标客户群，定期发布新品推送、减震器专业知识，吸引全球买家的注意力。定期搜集市场信息及顾客对各类产品的性能、结构、质量、安全和可靠性等信息，并通过参加行业协会、行业杂志、展会等形式了解行业现状，全面收集顾客需求，技术研发中心通过与行业专家的合作，紧跟科技发展步伐，以获取最前沿的技术信息。

市场调研团队根据日新月异的市场变化情况，重视市场信息的调查研究，全方位多维度信息收集分析，依据行业特点、发展趋势、自身技术、品牌和资源优势，以及与竞争对手技术和资源的对比，识别不同顾客群和市场的需求、期望和偏好，多维度进行细分市场。根据市场分析，从中国出口到全球其中北美以 28% 的份额位居全球第一，墨西哥、德国、加拿大和日本分别占比7%、6%、5% 和 5%。为了更好地服务北美客户，公司 2018 年在北美建立了仓储中心，加快了物流响应速度，提升了品牌知名度，当年出口北美的产品市场份额在公司占比提高了 10% 左右。

外销业务团队深化全球不同区域的针对性客户服务系统，提高客户服务的反应能力、指向性和解决方案有效性，建立了多语种销售平台，积极缩短企业营销与国际市场的互动时效，从而以点带面结合地进一步拓展国际市场。2019 年和 2020 年戈尔德减震器产品出口在同类产品排名第一。

2019 年，中国减震器出口市场经历了中美贸易战与产业链迁移，在国际形势的影响下，全球对中国的进口需求在 2019 年下降 3.54%。为了响应国家"一带一路"建设号召，也为了给客户创造更低的成本条件，公司在东南亚多国考察后，在马来西亚建立总装分工厂并实现投产，保证竞争优势。

在 2020 年疫情突袭下，公司主动出击寻找机会，一方面稳住外贸销售份额，另一方面扩大内贸销售份额，实现内、外销双轮驱动。具体措施有：与国内头部电商平台如途虎、快准、新康众达成合作，采取渠道下沉策略、大力推广自主品牌；采用省市级代理差异化策略，建立了超过 400 多家网点的营销网络；搭建戈尔德自有网络平台分销系统，为戈尔德持续开拓国内市场奠定了坚实的基础，在疫情影响了三个月正常生产销售的情况下，国内销售增长了 50% 以上。

（3）坚持自主研发创新，提高核心竞争力

中国汽车市场的平均车龄已达 6 年，减震器更换周期为 4-6 年，国内减震器市场已经迎来了售后市场维修的爆发期。公司成立十余年来，普通减震器品类有覆盖 98% 以上车型的基础，在推动国内、国际减震器销售市场上有着得天独厚的优势，成为国内品种最齐全的减震器生产厂家之一。同时，公司作为国家高新技术企业，一向非常重视高科技产品的研发，每年将销售收入的 3% 以上投入研发。与国内多家新能源主机厂共同合作开发电控智能悬架系统，电控智能悬架系统可以提高新能源汽车减震性能和轻量化设计，对汽车驾乘舒适性和电池起到提高和保护作用，具有广阔的市场前景。国内新能源汽车厂家已广泛在高端车型上使用电控智能悬架系统，如蔚来、比亚迪、理想、金康都在考虑国产替代进口方案。公司作为主导方与浙江科丰传感器股份有限公司、重庆金康赛力斯新能源汽车设计院有限公司成立企业创新联合体，协同创新，共同进行技术攻关，研发电控智能悬架系统，有望突破关键技术，解决"卡脖子"技术难题，打破国外技术堡垒，填补国内空白，开创中国汽车智能悬架领域供应新格局。

公司的研发产品基本上大多是自主开发的原创产品，由于产品的原创设计和主题化设计能使产品具有不可模仿性和独特性，区别于竞争对手，可以使产品获得差异化竞争优势和比较优势，可以较大地提升公司的品牌美誉度和顾客的忠诚度，因而自主开发原创产品对技术研发中心的研发能力是一个整体性的考验。技术研发中心在产品研发过程中，使用计算机三维辅助设计、模拟产品和运动分析，以及快速成型技术和计算机仿真技术，提高了产品设计的准确性、先进性和开发速度，降低了试验成本。技术研发中心还关注研发产品的美感，增加产品技术含量，尤其注重掌握减震器设计分析技术的应用和标准化，形成快速反应机制，满足顾客的创新消费需求，提高设计成效。

为打造一流的研发团队，实现从"工厂打版模式"向"品牌研发模式"的转变，确保公司自主开发原创产品的顺利进行，公司还坚持与高校进行合作，通过理论与实践结合，不仅为院校提供实践平台，也为公司提供了技术前沿，有利于公司的技术创新，实现将科学技术转化为生产力。同时，公司正在考虑研发流程管理信息化建设项目，实现设计流程、管理流程和考核流程三位一体的先进软件管理模式，使研发进度得到有效监控，快速传递信息，缩短产品开发周期，提高市场反应能力。

公司一向重视知识产权积累和运用，制定了《专利管理制度》等，加大了知识产权的管理和保护工作。公司的专利等得到了很好的转化、应用与产业化，如支柱式减震器属于"锻长板"产品，电控悬架控制系统属于关键领域"补短板"产品，填补了国内空白。

（4）与企业协作，共同服务社会

公司作为主导方，与浙江科丰传感器股份有限公司、重庆金康赛力斯新能源汽车设计院有限公司成立企业创新联合体，协同创新，共同进行技术攻关，研发电控智能悬架系统，突破关键技术，解决"卡脖子"技术难题，打破国外技术堡垒。目前已通过主机厂的部分车型配套开发，实现部分进口替代。电控智能悬架系统可以提高新能源汽车减震性能和轻量化设计，对汽车驾乘舒适性和电池起到提高和保护作用，具有广阔的市场前景。

公司通过主机厂或一级经销商认证体系成为合格供应商后，按照主机厂新产品开发计划及上市计划配合提供样件及配套件或总成产品。国内售后市场则通过国内头部电商平台如：途虎、快准、新康众达成合作，与全国省、市代理商实现产品的销售与配套服务。公司全国各地设立 400 多个销售网点，已有合作客户遍布全球 70 余国家，在美国成立仓储分公司，在马来西亚成立组装分公司。

3. 线上线下双促进，国内国外双循环——诺力智能装备股份有限公司内外贸一体化案例

诺力智能装备股份有限公司（以下简称诺力）位于浙江省湖州市长兴县，成立于 2000 年，于 2015 年在上交所 A 股主板上市（股票代码：603611.SH），是集智能物流研发、生产、销售、服务于一体的国际化民营企业，曾赢得欧盟反倾销胜利（被商务部列为中国反倾销历史上"反败为胜第一案"）。主营业务包括轻小型搬运车、电动仓储车、电动叉车、AGV 等现代仓储物流装备，并提供智能物流整体解决方案服务。产品出口至全球 152 个国家，轻小型搬运车连续 16 年销量全球第一。

依据公司发展战略，诺力打造了以国家企业技术中心为主的研发创新平台，构建了"线上线下双促进，国内国外双循环"的经营模式。围绕国家"一带一路"战略，在欧洲、美国、俄罗斯、新加坡等设立海外子公司，在马来西亚、越南建立了两个海外生产基地。2018-2019 年，诺力收购了欧洲领先的智能物流系统集成商和软件服务商法国 Savoye 公司，这是诺力在走向国际化道路上又迈出的坚实的一步，从此构筑起了全领域智能内部物流系统生态圈。

诺力拥有国际专利 4 件、国内专利 265 件、软件著作权登记 26 件和 12 项核心技术；主持或参与制定国家及行业标准 36 项；工业车辆无人驾驶关键技术、智能液压升降控制技术等核心技术荣获省部级科技奖励 9 项；2018 年被工信部认定为"国家技术创新示范企业"，2019 年被工信部认定为"制造业单项冠军示范企业""国家绿色供应链管理示范企业""国家知识产权示范企业"，2021 年获得全国总工会的"全国五一劳动奖状"表彰。

（1）建设行业领先的技术创新体系

诺力是国家技术创新示范企业，先后建立了国家认定企业技术中心、国家级博士后科研工作站、省级重点企业研究院、省级智能物流 装备工程技术研究中心、智能物流装备省级重点工程研究中心、省级工业设计中心等科研创新平台，并先后引进谭建荣、吴伟仁、吴澄等 3 位院士建立省级院士专家工作站。同时，与浙江大学、上海交通大学、浙江工业大学、复旦大学等国内知名大学开展战略性产学研合作；与中国联通联合建立"5G 智慧物流联合实验室"；与产业链上下游企业建立省级重点产业联盟，并联合成立企业共同体。在德国、美国、法国以及中国的杭州、上海、无锡等地建立研发分中心开展全球协同研发，紧紧围绕"物料搬运"＋"系统集成"两大方面进行创新，建立起国内领先的开放型智能仓储物流技术体系。

现已形成专利 269 件，其中国内发明专利授权 34 件，PCT 国际发明专利授权 4 件，实用新型专利 195 件，外观设计专利 36 件；软件著作权登记 26 件；累计主持或参与制修订并已发布的国家标准 32 件、行业标准 4 件、团体标准 10 件。荣获了浙江省科学技术奖、中国教育部技术发明奖、中国机械工业科学技术奖等省部级科技奖励 9 项。

（2）建立智能工厂实现产品同线智能化生产

公司以工业机器人、数控激光切割机等智能核心装备和 MES、SCADA、PLM、ERP、WMS 等先进软硬件系统为支撑，实现信息的自动采集、判断、预警和控制，推进全过程智能化管控，打造出诺力智能工厂。将信息技术与产品研发、智能制造深度融合，并结合精益的管理方法，成功实现智能化生产管理模式的转变。

实现同标同质执行管理体系标准，诺力执行管理体系相关标准，建立了七大管理体系认证。公司建立了信息化系统质量控制模式，包含 IQC 来料检验、PQC 生产过程质量检测、FQC 完工检验、制程改善、CRM 售后质量跟踪、DPS 数据智能，对产品实行全面的质量管理。

同时建立起基于数字化的质量追溯体系。质量追溯体系主要包含供应商质量追溯、过程质量追溯、完工检验以及售后质量追溯，形成质量追溯的数字化链，并制定《标识和可追溯性控制程序》作为保障。通过直营销售、代理销售和租赁销售等多种方式，布局全球销售网；现全球拥有 500 多家经销商，产品销售遍布 100 多个国家和地区；而且通过广交会、汉诺威国际物流展览会（CeMAT）、国际物流博览会（word logistics expo）等各种展会开展线下推广。2020 年，诺力自建电商平台"诺力商城（n-mall.com）"，专注于旗下产品在线订购、代理商店铺网销和服务，是诺力打造的"线上＋线下＋物流"的一体化销售云平台。

4. 以内供内、以外供外，深度融合内外销——巨石集团内外贸一体化案例

巨石集团有限公司（以下简称"巨石集团"）位于浙江桐庐，是全球最大的玻璃纤维专业制造商，是中国建材股份有限公司玻璃纤维业务的核心企业，以玻璃纤维及制品的生产与销售为主营业务，全球市场占有率达22%。2020年，公司实现营业收入109.92亿元，同比增长11.39%；实现主营业务收入107.09亿元，其中国内销售占65.32%，国外销售占34.68%。

（1）同质同线同标，提高生产效率

巨石集团拥有浙江桐乡、江西九江、四川成都、埃及苏伊士、美国南卡（在建）五个生产基地，已建成玻璃纤维大型池窑拉丝生产线10多条，符合国内、国际生产玻纤纱标准，年产能超过140万吨。集团具备同质同标同线的生产能力，可根据要求切换完成生产，达到"国内生产、国外销售"为"国外生产、国外销售"，有效规避反倾销、反补贴等贸易壁垒，以形成国际化的全球营销布局，不断提升生产效率。

（2）技术支撑市场优势

巨石集团技术力量雄厚，拥有一支致力于中国玻璃纤维行业发展的高级人才和专业基础扎实、兢业创新的优秀工程师组成的研发团队，目前规模为307人。集团拥有具有自主知识产权的大型无碱池窑、环保池窑的设计和建造技术；研发了国际首创的纯氧燃烧技术并进行了工业化应用，大大降低单位产能能耗。集团建有玻纤研发实验基地，包括国家认定企业技术中心、省级重点实验室及博士后科研工作站等研发机构，所属检测中心通过了国家实验室认可委员会认可，并获得德国船级社GL认证。强大的技术研发能力支撑了巨石集团的产品优势，进而挖掘全球市场潜力。

（3）"以内供内、以外供外"营销模式破瓶颈

巨石集团通过实施全球营销网络和产业布局，形成了"以内供内、以外供外"并重的跨国经营模式，并进一步探索"以外供内"的经营模式，促进资源共用共享，推动产销全球深度融合，最终实现国内基地互补、海外基地互动、

"三地五洲"互济的"国内国外双循环"新格局。在国内东、中、西建有浙江桐乡、江西九江、四川成都三大基地，主要供应国内和亚太、北美、欧洲、中东等市场，境外建成的埃及基地则主要供应欧洲、土耳其、中东、北非等市场，美国基地主要供应美国本土市场。集团充分利用国外生产基地，有效填补国内供给。在国内供不应求、国外需求不振的双重矛盾下，公司将海外生产的玻纤产品进口回流到国内市场，不仅有效缓解了海外工厂的销售和经营压力，又满足了国内市场的新增需求。

未来，巨石集团将努力打好"双循环"之战，紧紧依靠中国超大规模市场优势，开发国内外营销渠道，充分挖掘国内国外潜力。

5. 数字化深度融合，内外贸全线开花——振德医疗内外贸一体化案例

振德医疗用品股份有限公司（以下简称"振德医疗"）成立于 1994 年，是一家集研发、生产、销售为一体的医疗＋健康产业协同发展的企业。现已形成基础医用敷料等六个产品大类格局，在手术感控与防护用品、压力治疗等细分市场保持品牌号召力和领先优势。振德医疗在国内拥有 4 大生产基地，设有覆盖国内 31 个省区市的销售网络，服务于以欧美为主的全球 73 个国家（地区）和中国近万家医疗机构，以及 7 万多家药店。通过多年积累，振德医疗现代伤口敷料产品已成梯队，有望凭借国内销售渠道实现进口替代。

（1）立足自主研发，加快数字化转型

公司实行"自主深入研发、广泛深入合作、拥有核心技术"的研发策略，与浙江大学、湖北大学等国内知名高校开展研发合作，建有省级企业研究院、省级工程技术研究中心等多个创新研发平台。公司 2020 年年报显示，当年研发投入 2.597 亿元，较去年同期增长 409.7%，占营业收入的 2.5%；公司研发人员 663 人，占公司总人数的 9.1%。公司拥有 37 项发明专利和 288 项实用新型专利，拥有 58 项国家三类医疗器械注册证和 5 项二类医疗器械注册证。产品通过美国 FDA、欧盟 CE、ISO13485 医疗器械质量管理体系认证和中国 CFDA 认证。

2020 年开始，公司全面展开了业务流程数字化转型工作，与众多国际咨询公司深度合作，着力打造集团数字化运营能力。一是数字化营销。公司将重点聚焦营销全渠道的数字化改造，通过 CRM、产品管理系统、用户管理系统等信息化工具的深入布局全渠道（国际、国内、大零售）的业务信息化，增强从销售端到供应端的全业务场景实现能力，赋能商业伙伴（供应商、经销商、分销商、终端）的信息化能力。二是工厂数字化。2021 年，公司将完成供应、制造、销售、物流等管理端的信息化流程建设，产供销流程全面重组，将咨询成果全面转化为实际产出；产品制造过程实现信息化实时管理，提升质量管理工作数字化；推广绍兴工厂 MES 试点经验，通过数字化推动智能工厂升级。三是管理数字化。2021 年将全面上线财务共享服务、预算管理、成本分析管理等系统，提高公司财务管理能力；建立管理驾驶舱，加强对业务数据的信息化存储、数字化分析，实现集团和各子公司之间信息一体化。

（2）建精益供应链，勇担社会责任

经过 20 多年的专注经营和持续创新，公司已形成了覆盖原材料端、生产制造端、产品交付端的全产业链优势。公司持续深化精益制造、推进智能工厂建设、推动业务流程数字化转型、优化业务战略结构，进一步优化产供销全流程，提高公司对客户需求的快速响应能力。

完成许昌基地扩产并导入智能精益物流，绍兴数字工厂的筹建及应用实现原材料及成品的自动配送及储存，大幅提高生产效率；推行公司成本优化项目和实施精益制造改善，对产品设计、生产工艺及设备进行研究改进，并对生产标准进行重新制定完善，进一步提升公司流程优化和生产标准化。

2020 年初新冠肺炎疫情暴发，口罩、防护服、隔离衣等防疫物资在全国各地都存在着大量的缺口，公司启动快速供应管理机制，为浙江省提供了超过 60% 以上的医用口罩供应量。同时通过公司电商平台，供应全国 360 多个城市，超 300 万份人次。在 2020 年 9 月被中共中央、国务院、中央军委授予"全国抗击新冠肺炎疫情先进集体"荣誉。这都是公司健全而强大的供应链能力的体现。

（3）注重全渠道营销，内外贸全线发展

在国际市场，公司与众多国外知名医疗器械品牌商建立了良好的长期战略合作关系。同时抓住机遇，充分利用全球感控和防护类产品需求的快速增长，取得了国际大客户更多稳定的订单；通过有效整合，充分发挥英国子公司在渠道、生产、技术等方面的优势，实现了英国市场的快速拓展，英国子公司也收到了英国卫生部的感谢信。

在国内医院线市场，公司产品已覆盖全国各省市自治区 5300 家医院，其中三甲医院 800 余家，形成了稳定的市场体系；在国内药店零售线，公司产品在全国百强连锁药店的覆盖率已达 95%，共计覆盖全国 7 万余家药店门店；在电商零售线，公司在天猫、京东、拼多多等电商平台共计开设 10 余家店铺，并快速成长为 TOP 级商家；大力实施品牌策略，实现全渠道营销。

未来，公司将调整和搭建业务战略结构，建立面向未来的业务单元。整合线下零售和线上电商的渠道，筹建大零售部，推动公司更快发展 B2C 业务。以专业的临床医学作为支撑，不断优化端到端的交付能力，致力于成为全球医疗用品和家庭护理解决方案领域的主流企业。

6. 创新引领 智能转型——嘉兴捷顺旅游制品有限公司内外贸一体化案例

嘉兴捷顺旅游制品有限公司是一家专业从事清洁用品、箱包拉杆、塑料制品研发、生产和销售为一体的国家高新技术企业，成立于 2001 年 12 月。成立之初捷顺以代工生产箱包拉杆配件起家，2003 年转型生产清洁用品，为了占据市场主动权，于 2005 年组建研发团队，大量招聘研发设计师，仅用一年时间，捷顺就研发了拥有自主知识产权的十多款新产品，奠定了从 OEM 到 ODM 的转型基础。

同时，企业加强商业模式创新，坚持国内和国外产业化同时布局，坚持线上和线下多渠道发展，2009 年成立嘉兴洁阳家居用品有限公司，以淘宝为切入点，销售"宝家洁"自主品牌产品；2018 年成立嘉兴宜洁智能家居有限公司，创建了年轻化的新国货品牌"宜洁"，致力于专业家居清洁类工具，产品从基础清洁用具延伸到智能清洁小家电，专门供货于"小米有品"商务平台；2019 年又成立了嘉兴澳霖家居用品有限公司，专门从事全球性电子商务贸易，在美国同步成立了 cleanhome 的销售公司，组建了海外仓，逐步建立和完善海外销售渠道；在 2020 年成立了嘉兴捷顺数字科技股份有限公司，用于打造秀水泱泱这个新零售与产业互联网平台。目标是通过平台获取大数据来打造一个无缝对接而又相互融合的生态产业链，包括生产、研发、销售、物流四大主体。打通产业链上下游，省去中间过多的采购成本和费用，真正实现一站式的采购模式。

通过不断转型，公司已经成为国内乃至全球最大的清洁用具服务型制造企业，公司的客户群体遍布欧美、澳洲、亚太以及"一带一路"新兴市场地区，清洁用具细分行业市场占有率排名全国第一，全球第二位，2018-2020 年连续 3 年排名中国轻工业刷类及清洁用具行业第一。2020 年捷顺公司主营业务收入 10.06 亿元，同比增长 48.17%。

经过十几年的发展壮大，捷顺已经成为清洁用品细分行业内最大的 ODM 生产制造商，为全球知名清洁用品品牌商美国家庭用品第一品牌 Rubbermaid、OXO、Casabella，德国家居用品第一品牌 Velida，法国 Spontex，澳大利亚 Oates，韩国 Lock&Lock，日本 Azuma、妙洁、思高等提供服务制造。

（1）以创新研发引领市场

公司 2005 年组建研发团队，开始研发自主知识产权产品，2011 年被评为省级高新技术企业研究开发中心，2020 年被评为省级功能性清洁用具研究院，现有集中研发场地 3500 多平方米，研发设备资产 1000 多万元，在国内外同行业中研发条件处于领先水平。现有专职研发人员 132 名，占员工总数的 14.13%。公司在清洁用具的清洁效率、挤干效果、自挤自拧等技术方面取得了实质性突破，每年研发新产品 30 多项，申请相关专利 50 多件，加快技术创新成果的转化，实现效益最大化。

以市场为导向，以客户需求为准则，创新研发产品引领清洁用具行业发展。每年新产品研发数量在 30 项以上，每年申请相关技术专利 30-50 件，截至目前，公司已获得清洁用品各类相关专利 335 项，其中发明专利 53 项，实用新型专利 235 项，国外专利 55 项。专利拥有量排名清洁用具细分行业全国第一，全球第二位。公司研发设计的新产品屡获国内外行业大奖，其中 G2 旋转拖把获得美国 IDEA 设计大赛铜奖、一种升降旋转式拖把清洗脱水组合装置和拖扫一体机获得嘉兴市科技进步三等奖、可甩干脱水的旋转拖把获得第二十二届全国发明展览会发明创业奖·金奖。

（2）转型升级促发展

2003 年，捷顺开始考虑企业转型，从旅游制品转向市场更为广阔的清洁用品。从旅游制品到清洁用品，捷顺还是以 OEM 代工为主，没有研发设计，没有自主知识产权，只能赚取微薄的代加工费。经历了多轮惨烈的价格战，公司创始人开始意识到只有拥有"核心竞争力"，才能占据市场主动权，于 2005 年组建研发团队，大量招聘研发设计师，仅用一年时间，捷顺就研发了拥有自主知识产权的十多款新产品，奠定了从 OEM 到 ODM 的转型基础。

2009 年，公司清洁用品自主品牌"宝家洁"注册成功，并成立了电子商务子公司——嘉兴洁阳家居用品有限公司，通过电子商务平台销售"宝家洁"自主品牌产品。捷顺顺利地搭乘"互联网快车"，使"宝家洁"自主品牌产品以更低的渠道成本快速地走向国内外市场。捷顺实现了从 OEM-ODM-OBM 三步的转型发展。2020 年洁阳公司全网销售额突破 3.5 亿元。

（3）五个自主为抓手，提升核心竞争力

国内市场清洁用具产品种类繁多，产品质量参差不齐，产品品牌多而杂，没有一个在国内外市场上排得上的清洁用具品牌。捷顺将打造民族自主清洁用品品牌作为企业使命。于 2009 年注册了自主品牌"宝家洁"，以更低的渠道成本快速地走向国内外市场。2013 年"宝家洁"牌清洁用品被评为"浙江名牌产品""浙江省著名商标"，2014 年被评为"浙江出口名牌"。自主品牌影响力持续提升，在清洁用具细分市场上占据了一席之地。

公司以"自主研发、自主生产、自主仓储、自主品牌、自主渠道"五个自主为抓手，打造从研发到生产到仓储到品牌销售的全产业链经营模式，形成国内国际双循环发展格局。

自主研发：以省级高新技术企业研究开发中心和省级功能性清洁用具研究院为载体，以科技创新为引领，从需求端和消费端两个方面研发自主产品。以市场客户为导向，在健康洁净生活的带动下，加大研发高温杀菌拖地、擦地机，带清洁液的喷雾拖把等产品，带动整个行业的技术升级和消费升级。

自主生产：捷顺从传统制造业加工单一产品，通过不断的转型升级，建立从原材料加工、管件自制、塑料件注塑到组建装配、仓储销售全产业链智能制造型企业，打造浙江嘉兴和江苏宿迁两大生产制造基地，实现了基础材料的全自制，在行业生产供应链中占据了主导地位。

自主仓储：将在嘉兴和宿迁建立完善自己的仓储和物流体系，实现跟制造供应链的无缝对接，由这两个物流平台根据销售平台的指令进行采购、跟单、发货、售后和维修，可以确保发货、库存控制，降低管理费用，提升服务水准，提升企业综合竞争力。同时，公司还将在美国东、西岸租赁仓储中心，配套跨境电商的销售。

自主品牌：打造差别化的产品品牌，分别是宝家洁、宜洁、捷顺，其中"宝家洁"是浙江出口品牌、浙江名牌产品，"捷顺"为浙江省知名商号；同时注册国外商标品牌，产品类别覆盖清洁用品、箱包、梯凳、收纳、电动工具等。

自主渠道：打造"秀水泱泱"新零售与产业互联网平台，打通产业链上下游，省去中间过多的采购成本和费用，面向个人、经销商、集团采购，还包括个性化私人定制，通过管理人模式协调各种销售途径，简化销售流程，免除经销商的财务成本和仓储成本，让下级销售真正做到无后顾之忧，专心拓展业务，真正实现一站式的采购模式，实现工厂和经销商双赢。

（4）智能制造再转型，助推企业高效发展

受限于传统制造业生产模式单一，产品市场竞争力不足，从 2015 年开始，公司将服务型智能制造纳入经营发展战略，制定了"创新市场化、生产自动化、管理网络化、产品品牌化"的四化战略方针，以创新研发引领市场发展，以智能制造提升产品品质，以信息网络化缩短生产周期，以品牌化提升产品附加值。

运用信息化技术，打通设计、制造、生产、销售之间的联系，梳理并固化研发业务流程，建立了研发模块化管理系统，创建一整套研发产品库，做好产品零部件的模块化配置。由业务部门根据客户定制化订单需求，一键选配定型，快速生成客户订单产品。

基于物联网、工业互联网技术，建立了行业内首个全自动管件冲压无人工厂，自动化注塑工厂、全自动喷涂流水线，通过互联网技术和制造技术的融合，实现了生产线上不同产品数据、产品规格、配套元素的灵活搭配，以柔性化的生产迅速满足客户的个性化服务需求。

通过信息化智能制造的转型，公司生产效率进一步提升，产品质量得到大幅改善，客户满意度进一步提高。企业作为标准第一起草单位主导了《清洁刷厨房用刷》（QB/T4998-2016）行业标准制定，参与了《纱线平地拖》（QB/T 4744-2014）标准的起草。2021年主导了浙江制造标准《喷雾拖把》（2020-ZZB-8398），已经进入立项研制阶段。

2016年被评为中国进出口质量诚信企业，2019年被评为中国外贸出口先导指数样本企业。

（5）创新商业模式，提升企业综合实力

早在2009年，捷顺就成立了第一家电子商务子公司——嘉兴洁阳家居用品有限公司，开启了互联网电商之路，通过电子商务平台销售"宝家洁"自主品牌产品。经过十多年的发展，"宝家洁"品牌已经完成从"洁"向"家"的转型和升级，产品涵盖除了清洁用品以外，还包括了垃圾桶、垃圾袋、收纳等家用品，连续5年在全网清洁用具类排名前三，2020年洁阳公司全网销售额达3.54亿元。

为了进一步扩大市场占有率，满足不同层次和不同种类的消费需求，公司在2018年又成立了嘉兴宜洁智能家居有限公司，创建了年轻化的新国货清洁用具品牌"宜洁"，致力于专业家居清洁类工具，产品从基础清洁用具延伸到智能清洁小家电，专门供货于"小米有品"商务平台。

随着经济全球化的发展，跨境电商也被推动着快速发展，2019年公司又成立了嘉兴澳霖贸易有限公司，专门从事全球性电子商务贸易，已经在亚马逊上开设了 9 家企业店铺，在阿里巴巴国际站上开设了 7 家企业店铺，并陆续在欧洲、东南亚和"一带一路"新兴市场开设跨境店铺。同时，公司还在全球注册不同商标和品牌，打造洁具、梯子和箱包的自主品牌，并在美国同步成立了 cleanhome 的销售公司，组建了海外仓，逐步建立和完善海外销售渠道，短短一年时间，澳霖的销售额已超 1.5 亿元。

2020 年，中国提出"加快形成以国内大循环为主、国际国内双循环相互协调的发展格局"来激发国内高新技术的发展与创新。公司也加快布局国内市场，在 2020 年成立了嘉兴捷顺数字科技股份有限公司，用于打造"秀水泱泱"这个新零售与产业互联网平台。目标是通过平台获取大数据来打造一个无缝对接而又相互融合的生态产业链，包括生产、研发、销售、物流四大主体。打通产业链上下游，省去中间过多的采购成本和费用，真正实现一站式的采购模式。销售平台面向个人、经销商、集团采购，还包括个性化私人定制，通过管理人模式协调各种销售途径，简化销售流程，免除经销商的财务成本和仓储成本，让下级销售真正做到无后顾之忧，专心拓展业务，实现工厂和经销商双赢。

通过大数据、自主电商平台、行业报告等收集市场信息，并为战略合作客户配套专属的研发设计团队，通过研发模块化、零部件标准化管理，再结合客户定制化需求的部件设计，为客户提供定制化产品解决方案，大大缩短了产品研发生产周期，从原来的 12-15 个月缩短为平均 5-7 个月，大大提高了服务时效，从而快速反应市场，提升了客户满意度，客户满意度从原来的 87.3% 上升到现在的 98.2%。

7. 化危机为转机，助力全球抗疫——浙江闪铸三维科技内外贸一体化案例

浙江闪铸三维科技有限公司是一家集产、学、研为一体，专业研制与生产 3D 打印设备及 3D 打印配套产品及服务的国家高新技术企业，公司成立于 2012 年 6 月，注册资金 4191.9 万元，公司坐落于浙江省金华市婺城区仙源

路 518 号，现有生产办公面积 26000 平方米。

目前闪铸科技拥有十大系列，几十款产品，建立了涵盖 3D 设计软件、3D 打印机、3D 打印耗材和 3D 打印服务的完整产业链；产品分为工业级、商业级、民用级 3 个层次，满足不同类型的用户需求；同时在技术研发、渠道建设、售后服务等多方面均处于行业领先水平。受疫情影响，全球经济都呈下落趋势，闪铸科技借助研发逆势而上。

（1）提供 3D 打印全产业链产品及解决方案

作为国内首批专业桌面式 3D 打印设备研发生产企业，闪铸一直专注于 3D 打印行业的应用发展，洞悉市场的发展趋势以及增材制造的前沿技术，时刻关注各行业的动态发展。经过多年的发展沉淀，目前闪铸依托以 FDM、DLP、MJP 三大技术类型为主的增材制造技术类型，针对教育、珠宝、广告、数字化医疗、数字铸造等领域提供相应完善的解决方案。公司深入了解相关行业的行业痛点，当前，个性化以及小批量生产的需求日益增长，深知增材制造在当下数字化生产制造的优势，结合企业自身技术发展优势，从设备、软件、耗材覆盖全产业链为行业解决生产应用的变革。如解决中小广告字生产加工厂生产问题，提供全套解决方案：专业广告软件 Flash AD+3D 打印广告机 AD1+ 广告耗材 + 云平台，有效解决人工问题，减少生产流程等，可灵活扩展产能，提高生产效率。

（2）研发注重品质，服务全球市场

公司注重企业管理及产品质量，各项管理制度完善，实施卓越绩效管理模式、现场 5S 管理等，已通过 ISO9001 质量管理体系认证、ISO14001 系列环境管理体系认证、OHSAS18001 系列职业健康安全标准认证。产品通过 UL、CE、RoHS、FCC 等多项国际质量及环保认证。自 2018 年通过"浙江制造"认证后，2019 年，获得标准领跑者称号。

公司紧跟国际研发新趋势，布局国际化发展路线。公司产品销往欧洲、北美洲、南美洲、非洲、东南亚等多个区域，终端用户遍布全球；在北美及欧洲市场享有较高品牌知名度，市场份额排名前五。闪铸产品已入驻美国最大的家具连锁商超 homedepot 及欧洲排名前三的大型超市 clasohlson，并在沃尔玛、百思买等大型超市的部分店面有售。在教育领域，全球有 60 多个国家和地区的学校导入闪铸 3D 打印机组建 3D 打印实验室，日本 36 所公立大学使用闪铸 3D 打印机。目前全球品牌经销商超 600 家，且持续增长，是 2019 年度的浙江省出口名牌，未来几年，闪铸将寻求更多全球知名厂家合作，根植更多领域，积极开展合作，开拓新的市场和领域。

（3）内外兼修，致力于自主创新的研发道路

公司注重知识产权保护，现拥有核心自主知识产权 77 项，其中专利 57 项（2 项发明专利、43 项实用新型专利、12 项外观设计专利），软件著作权 20 项。公司自成立之初就申请了商标保护，现已经拥有国内国外商标注册证 30 多个，类别包括第 7 类、第 9 类、第 40 类，目前还在申请第 35 类及第 42 类的商标保护，涵盖了包括美国、欧盟、俄罗斯、埃及等多个国家和地区，并于 2019 年通过国家知识产权优势企业的认定。

（4）化危机为转机，以研发助力全球抗疫

由于公司业务以出口为主，2019 年，受中美贸易摩擦影响，公司销售额由平均增长 35% 以上，下降到增长 7.4%，公司调整了规划，积极开拓国内市场，研发了可实现替代进口的多喷嘴喷射技术的 3D 打印机，并被评为浙江省首台套产品。正当公司准备大展拳脚之时，2020 年疫情来袭，公司面临前所未有的危机。人力资源短缺、原材料短缺、物流不畅等等问题，面对危机，公司在政府领导下，做好防疫抗疫工作，自开复工后，配合政府用人优惠政策，制定了以老带新等用工方案，积极开拓用工资源，自开复工以来，已经增加员工 60 人；原材料短缺，就协调供应商先小批量供应，小批量先生产，同时取得客户理解允许延期交货；线下不通，就走线上，从海外仓发货，公司自建站、亚马逊、速卖通、EBAY 等各大电商平台上，近期个人用户激增、销量迅猛上涨，一季度线上销量同比上涨 45%，公司业务整体增长 25%。疫情期间，各种抗疫物资短缺，传统工艺制造的护目镜，产品批量生产要经历设计、开模、试模、优化、小批量试制等流程，从产品方案设计到批产至少需要 45 天，3D 打印

技术则在 7 天内就实现了量产。感受到 3D 打印技术在抗疫中的应用价值后，公司在技术方面也不断突破，实现了机器可连续稳定打印 1000 小时。闪铸 3D 打印实验室日夜开工，打印可缓解耳朵压力的"口罩佩戴连接器"，并赠送给华中科技大学同济医学院附属梨园医院、武汉市第三医院首义院区、金华市中心医院等一线医护人员。同时，闪铸科技还将口罩连续器、护目镜、防护面罩等防疫模型文件在官网上公布，免费提供给全球各地用户下载打印，出口全球用于抗疫的 3D 打印机，公司不但未涨价，还赠送部分耗材。公司的投入获得了巨大的回报，公司单月的产量和销售额连连突破历史新高。截至今年一季度，产值及销售额达到 7025 万元，同比增长 154%。

8. 发挥国内市场优势 探索行业蓝海——义乌华鼎锦纶内外贸一体化案例

义乌华鼎锦纶股份有限公司（以下简称华鼎股份）经浙江省市场监督管理局注册登记，坐落于全球最大的小商品集散中心——浙江省义乌市，是专业从事高品质、差别化民用锦纶纤维长丝研发、生产和销售的大型企业，A 股主板上市企业。华鼎股份自 2002 年第一期年产 5 万吨锦纶纤维长丝建设开始，经过 2011 年第二期年产 5 万吨锦纶纤维长丝、2015 年第三期年产 10 万吨锦纶纤维长丝建设，目前具备年产 20 万吨民用锦纶长丝的生产能力，产能居国内前三甲。销售网络覆盖国内主要化纤纺织品专业市场及美洲、西欧、中东等国家和地区。公司从德国、瑞士、日本引进具有世界一流水平的纺丝生产线和加弹机，自动化、信息化在企业内广泛运用，实现了工业化和信息化的深度融合。自创建以来，华鼎股份得到快速发展和壮大，经营领域扩展到新材料、投资贸易、环保等产业。

华鼎股份主要生产高织造稳定性与染色均匀性的 POY、HOY、FDY 和 DTY 四大类民用锦纶长丝产品。随着生活水平的不断提高以及运动、户外休闲活动的普及，人们对锦纶纤维的服用性能提出了更高的要求，差别化、功能性锦纶新产品将能更好地满足消费者的品质生活需求。华鼎股份通过化学改性或物理变形，以改进纤维服用性能为主，自主研发了无染色丝、麻灰丝、彩丽丝、超亮、超低旦、超粗旦、消光、多孔细旦、扁平、吸湿排汗、抗菌除臭等多个品种的差别化、功能性民用锦纶长丝，生产技术和产品质量处于国内领先水平的企业。公司产品主要应用于服装面料、经编、纬编、喷水织机、无缝内衣、针织服饰、袜子等民用纺织品的高端领域。全部产品市场占有率约 7% 左右，其中拳头产品锦纶弹力丝（DTY）全球市场占有率 7.5% 左右，国内市场占有率 10%-11%，是 2018 年工信部制造业单项冠军产品。

我国是世界化纤生产与应用大国，是化纤产业链最齐全、规模最大的生产国、消费国和出口国。2020 年，我国化纤产量为 6025 万吨，已占世界产量超过 60%。合成纤维主要包括涤纶、锦纶、腈纶、氨纶等品种，锦纶是合成纤维的第二大品种，其产量低于涤纶纤维，约占合成纤维的 8%。民用锦纶纤维长丝作为重要的纺织原料，是我国发展较早的化纤产业之一。随着行业的发展及世界形势的变化，我国目前已成为全球最大的锦纶纤维长丝生产国及消费国。

华鼎股份主业属于化纤细分行业锦纶民用丝行业。华鼎股份位于国际商贸业发达的义乌市，辐射江浙等长三角地区，这一地区拥有众多国内外知名的纺织品生产企业和化纤原材料供应商，形成了我国独具特色的化纤、纺织产业集群带。近年来锦纶纤维及下游产业的快速发展，并形成了锦纶纤维、纱线包覆、针织加工、染整后整理、针织服装和无缝内衣等相对完整的产业链和特点明显的产业集群。义乌作为国际小商品城，遍及全球的对外贸易、便捷的进出口往来，使义乌拥有买全球卖全球的国际国内双循环区位优势。

（1）基于研发拓展海外主要市场

随着纺织业产能的走出去，华鼎股份在市场营销中充分利用国内国际两个市场的优势，以国内市场为主体，国内国际市场相互促进，推动企业的高质量发展。据中国海关数据，2020 年锦纶 6 民用长丝出口较 2019 年缩减 8%，为近年来出现的首次缩减。主要原因一方面由于年中印度发起对中国锦纶丝反倾销调查，导致出口印度的数量大幅减少，另一方面，由于海外疫情严峻，影响下游生产需求及海运物流，导致国际上对我国锦纶丝采购需求下降。根据国际产业发展分析和判断，华鼎股份积极拓展巴西市场。据巴西海关"巴西进口报告 BRAZILIAN IMPORTS REPORT"数据：2018 年 -2021 年 3 月，包括锦纶弹力丝（DTY）、牵伸丝（FDY）等在内的所有品种的锦纶长丝进口量中（巴西海关编码 NCMs），来自中国的份额分别是 33.93%、32.68%、38.87% 和 39.02%，其中来自华鼎股份的份额分别是 32.39%、31.51%、37.91% 和 35.43%，以较明显的优势在巴西市场占据主导地位。

华鼎股份以锦纶 6 弹力丝（DTY）为拳头产品，包括白色和原液着色两个品类，产品优等品率高，品质已超过台湾地区产品的品质。根据巴西海关"巴西进口报告 BRAZILIAN IMPORTS REPORT"数据，2018 年 -2021 年 3 月，华鼎股份白色锦纶 6 弹力丝（DTY）进口量分别是 9645 吨、10968 吨、10815 吨和 3645 吨，占中国出口到巴西市场总量的 47.07%、45.16%、50.37% 和 49.90%，而同期质量水平较高的台湾锦纶 6 弹力丝（DTY）的进口量分别是 6128 吨、7477 吨、6592 吨和 2252 吨，占出口到巴西市场总量的 29.91%、30.78%、30.71% 和 30.84%。巴西市场中，华鼎股份的白色锦纶 6 弹力丝销量完全超过来自台湾地区的同类产品销量。

原液着色弹力丝（DTY）是绿色无污染的锦纶 6 弹力丝（DTY）品种，根据巴西海关"巴西进口报告 BRAZILIAN IMPORTS REPORT"数据，2018 年 -2021 年 3 月，来自中国的原液着色锦纶 6 弹力丝（DTY）进口量持续增长，分别是 442 吨、612 吨、882 吨和 388 吨，占出口到巴西市场总量的 27.73%、36.40%、54.76% 和 53.3%，而同期台湾锦纶弹力丝（DTY）的进口量则逐年递减，分别是 830 吨、654 吨、508 吨和 215 吨，占出口到巴西市场总量的 52.11%、38.92%、31.55% 和 29.47%。可见自 2019 年开始，华鼎股份原液着色弹力丝（DTY）的出口量已经与原来属于高端产品代表的台湾产品出口量基本持平，并于 2020 年超过台湾地区的出口量，优势趋向明显。随着中国锦纶产品的整体发展，这一优势将更加扩大，并逐渐替代原来台湾产品占据的高端市场。

（2）以技术为支撑服务社会行业

我国锦纶产业在实现原料自给、工程装备引进基础上取得突破性进展。华鼎股份在深入研究锦纶6加工技术特点的基础上，结合锦纶6输送、挤出、纺丝、卷绕、加弹等工程技术体系，融合全流程品质及物流、能源管理，实现了系统的整体解决方案。项目实现了锦纶6工艺、装备与工程集成创新，个别指标已达到国际领先水平，整体技术达到国际先进水平。2015年，获中国纺织联合会"纺织之光"科学技术进步一等奖。

针对锦纶长丝生产过程劳动强度大，场地利用有限，产品质量易受人为因素影响等问题，华鼎股份已经在华鼎三厂建成智能生产系统，包括自动加料系统、自动包装系统和自动出入库系统等，研发和实施了智能化锦纶6生产制造技术，包括建设智能化切片自动送料、丝饼自动落筒、自动包装、在线检测和自动化立体仓储技术，实现机器换人；丝饼不与人手接触，减少油污丝、毛丝；实现锦纶长丝智能生产，打造工业化、信息化的深度融合，提升生产反应速度和准确率，降低了人工的使用和人工干预，保证了产品品质的优异和成本的控制。同时也为行业的装备升级做了一次有益的尝试和探索。2016年，获我国工业领域最高奖项——"中国工业大奖提名奖"。

承接华鼎股份三厂自动加料系统、自动包装、自动入库等智能化、自动化基础上，华鼎股份在全资子公司五洲新材建设全流程锦纶制造工厂，争取全流程实现锦纶纤维智能生产，有效实现化纤生产企业全自动化，从而推动企业提升市场竞争力，提升产品质量、提高生产效率的同时，降低化纤行业人员红利消失所带来的不利影响，并将全流程锦纶智能生产形成模型，在化纤行业及相关行业中推广应用。

华鼎股份应用高品质锦纶6高效低耗规模化智能化生产集成技术，采用多项节能减排措施，项目综合节能30%以上，在原料选择、工艺路线、回收利用全生命周期实现绿色化，推动行业绿色低碳科技进步中作出突出贡献。2019年，获得工信部"绿色工厂"称号。

　　未来，华鼎股份将基于锦纶行业价格透明化趋势、产品分类繁多，销售渠道、销售模式以线下售卖模式为主，专业对口性高、渠道面窄的特点，把握全球化、智能化之势，聚焦锦纶产业链发展，开发华鼎云商智能平台，致力于营造将资讯、交流、交易、智能联产结合为线上一体化的云平台。从产业链角度，打通产业链上下游，实现资源的有效整合；从客户角度，打通客户从平台下单到企业内部采购、生产计划、制造、交付、支付的完整闭环逻辑，实现客户、企业端双向对订单的数字化、可视化管理，提高客户端、企业端运作效率，为内外贸一体化打造智能平台。

第五章

内外贸一体化发展对策建议

一、双循环下内外贸一体化格局构建展望

（一）全球产业链格局

1. 中国是东亚制造业集聚区的核心

中国不但具有全球最全的产业布局，也拥有制造业的整体生态，整个供应链生态网络的范围已经超出中国，辐射到环中国海的东亚地区。中国从其他东亚、东南亚国家和地区大量进口零部件、半成品，在中国完成总体组装，再向全世界出口，整个东亚被整合为一个巨大的制造业集聚区。

中国对美国每年两千多亿美元贸易顺差背后是中国对东南亚国家的一千多亿美元的逆差，中国只是作为整个东南亚制造业集聚区的代表对美国形成顺差。随着近几年供应链网络扩大到整个东亚，也有部分制造业开始从中国向东南亚转移，但是这种转移更应当被视作是整个供应链网络在东亚内部进行重构，也就是说，虽然企业供应链中某些节点的位置及布局发生改变，但整个供应链网络作为一个整体，并不会受到本质影响，供应链网络链主仍在中国。同时，中国的超大规模性使得东亚国家的制造厂商十分依赖中国为中心的制造业生态圈，因此中国作为东亚制造业集聚区中心的地位在未来一段时间内较为稳固。

2. 东亚制造业集聚区崛起带来二元结构到双层结构的转变

新冠肺炎疫情对世界经济的冲击更是百年之未有，全球产业链重构已经成为必然。这就带来了世界经贸秩序的一个深刻变化，从原"中心—外围"结构下的西方国家与发展中国家开展贸易的二元结构，裂变为以东亚制造业集聚区为链接点的双层结构。

1971 年美国学者沃勒斯坦提出"中心—外围"理论，认为世界被分为发达国家和不发达国家两个部分，发达国家是核心地区，不发达国家是外围地区。发达国家掌握着经济、技术、文化等资源，而不发达国家只能成为中心国家的市场和原材料殖民地。中心国家通过跨国公司、国际金融机构等方式，把剩余价值从外围地区转移到自己手上，从而保持经济上的优势和权力，它们能在国

际贸易当中获得高附加值的收益，外围国家则没法完成足够的资本积累，也就无法摆脱低附加值的地位。

然而，中国的崛起对"中心—外围"二元结构的破除提供了新的机遇。中国在全球价值链中扮演的角色导致全球贸易结构开始变化，开始形成贸易分层。一方面，以中国为中心的东亚制造业集聚区与"中心"国家之间的经贸关系构成一个贸易层：东亚制造业集聚区向西方国家出口制成品，从西方进口技术、资金以及各种高端服务业贸易。另一方面，西方国家逐渐开始去工业化，制造业外包，不再需要与提供原材料的国家开展贸易，原材料国家与东亚集聚区的国家，尤其是中国有了更强的联系，因此中国与"外围"国家之间的经贸关系构成另一个贸易层：东亚制造业集聚区向这些国家进口原材料，出口制成品。也就是说，全球供应链从原"中心—外围"二元结构转为"中心—制造区"+"制造区—外围"的双层结构。在这一双层结构下，西方国家主导创新秩序，中国主导制造业秩序。由于中国为中心的东亚制造业集聚区发展也是西方创新经济的拉动，所以西方还是主中心，但中国已经崛起成为副中心。这一过程必然造就新的国际贸易规则安排，这些新的贸易规则，为许多外围国家提供新的发展机遇，获得新的发展空间。以产业链深化我国与全球的经济联系，是我国建立外循环、形成国内国际相互促进双循环的内生需求，将对提升内外贸一体化格局下产业链高质量发展起到重要作用。

（二）内外贸一体化与全球产业链优化

"双循环"视角下的内外贸一体化发展需要结合中国在全球价值链中的地位，中国在内外贸一体化建设过程中，将进一步促进"中心—制造区"+"制造区 - 外围"双层结构的优化。通过深化内循环和外循环的互联互通，在内外协同的循环流通中推进全球产业链优化升级，从而实现高质量发展，这必然要求我国的内外贸一体化建设与双循环格局紧密结合、共同推进。

实现"双循环"视角下的内外贸一体化发展关键在于高质量的内部流通体系和外部价值链体系建设，重点在于两个方面，一是加强国内大市场建设，借助中国的大基数人口、大规模市场，在国内大循环中加快消费升级和产业升级的步伐，同时促进内外贸互动，优化产业结构，促进市场供需平衡。二是加强国际经贸合作，促进全球产业链优化。借力区域全面经济伙伴关系协定（RCEP）和"一带一路"战略红利，紧跟产业链的智能化、绿色化和数字化浪潮，利用自己的优势积极参与全球产业链优化升级，提高国际化程度，提升企业竞争力。同时推动外贸向内贸转化，加强内外贸衔接，调整外贸出口结构，建立内外市场畅通的全球价值链和产业链。具体来说，未来"双循环"视角下内外贸一体化格局构建举措包括以下内容。

1. 内外贸一体化下的国内统一大市场建设

我国内外贸的分割由来已久，国内市场分割也较为严重，虽然我国逐步建立了社会主义市场经济体制，但内贸仍存在商品流通落后与经济体系缺失的问题，建设一体化、高度开放、充分竞争和运行有序的内贸市场格局，构建内外贸流通渠道，是内外贸一体化发展的关键，具体措施可以从以下几方面展开。

（1）改革地方政府官员政绩的目标函数结构。在长期的经济发展进程中，地方政府的官员由于考核目标以经济增长指标为主导，导致过度追求 GDP 等宏观指标，在追赶型战略指导下忽略了区域内民众的实际生活感受。为了解决这一问题，可以通过改变官员的考核点，比如减少 GDP、财政收入增长等指标的考核，用体现经济发展质量、效率的考核点代替经济产出值、规模数量为主的考核点，并增加区域内民众满意度、幸福度、获得感的考核，有效地激励地方政府将发展的重点转向高质量发展，而不是过度追求数字化指标。

（2）激励体制改革。激励体制改革主要是推进财税体制的纵向改革，首先，需要解决各级政府事权与财权不对称问题，这是激励体制改革的关键问题之一，这会导致中央政府经常需要通过财政补贴来弥补地方政府事权与财权不匹配的问题。这就需要建立横向财政协调机制和区际利益补偿机制，实现财政资金在地方政府间的再分配。其次，需要建立横向财政协调机制和区际利益补偿机制，以实现财政资金在地方政府间的再分配，并且降低地区间为争取流动性税基而进行的无序竞争。这种横向财政协调机制和区际利益补偿机制可以有效地解决财政资金的分配不平衡问题，降低地区之间的财政摩擦，为统一大市场的建设提供有力保障。最后，需要改变地方政府的收入结构，从以土地财政和盈利性大项目为主的收入结构改为建立以直接税为主的收入结构，减少地方政府对土地财政和盈利性大项目的依赖，建立以直接税为主的收入结构。同时，需要加强对地方政府的监管，确保地方政府将财政资金真正用于公共事业的建设。

（3）负面清单改革。负面清单改革的核心是通过政策和行政手段实现市场准入的规范，以促进内外贸协同发展。目前地方市场监管部门不当地使用执法权力，打击竞争对手，限制竞争现象仍然存在。因此应当将地方政府在市场中干预的具体行为列入负面清单，以规范市场，如反垄断、不正当竞争行为处罚、清理地方性保护法规等方面，均应列入负面清单，以减少地方政府的职能干预，让市场机制更加自由竞争，充分利用市场的交换价值、传递信息、平衡供求、提供激励、收入分配等多种功能。应当制定反垄断的具体标准和操作规程，确保执行公正，加强产品质量监管，保证消费者权益和信任度，维护市场竞争的公平性和透明度。同时，需要对起草负面清单的地方政府提供咨询与指导，以避免政策上的不兼容性和信心不足等问题。通过负面清单改革大幅度减少政府职能，发挥市场作为资源分配的决定性机制，打破各种制约全国统一大市场建设的显性和隐性壁垒。

（4）跨地区并购改革。企业的跨地区兼并和收购强化了区域市场一体化的微观基础，不仅表现在资本、劳动力、科技资源及无形资产的移动和扩散，也是培养跨国企业的必经之路。各地方政府应降低对企业跨地区并购的准入门槛，积极鼓励和欢迎外地企业通过并购进入到本地区。把开放的国内价值链作为主导性产业，实现国内地区间发展协调以及与全球价值链的对接，促进新发展格局。鼓励"链主"企业开展跨区域并购，实施产业协作分工的区域"链长制"，在竞争性资源中建设横向一体化的价值链。将政府间竞争重点放在基础设施建设、社会公共产品和服务等环境"硬实力"方面，为企业跨地区并购的开展塑造良好的外部生存环境。坚持对国有经济和民营经济一视同仁、对大中小企业平等对待，不干预地方国有企业内部具体的投资决策，充分激发民营企业跨地区并购的积极性和开拓性。同时加强地方政府间跨区域公共产品和服务的政策协同和配合，实现规划、交通、环保、科技创新的联合，降低企业跨区域运营成本。

（5）区域合作改革。整合推进区域经济一体化发展，是习近平总书记长期坚持的治国理政的基本主张和战略措施。首先，需要打破现有体制机制障碍，积极探索制度化的区域合作机制，构建地方政府间的利益协调和平衡的制度框架。其次，需要废除已经存在的限制地区间要素自由流动的政策及规定，建立和完善包括决策、执行、监督、仲裁等功能的跨区域协调机构以实现多层次协调互动，完善区域综合政策体系，保证各层次、各类别政策间的统一性与协调性以及政策实施过程中的权威性、有效性，建立区域一体化战略的实施、监督、评价和考核体系，真正从施政层面促进区域高质量一体化发展。再次，在进行区域合作改革时，需要重视国际市场开放，以及不断加强本土市场的竞争力。积极发挥自贸区和国际航运中心的示范作用，推动口岸便捷化、流通便利化、贸易自由化，扩大进口，拓展出口市场，增加贸易投资自由化便利化措施，推进产业链和价值链的深度融合，实现国内外市场的有机连接。

2. 内外贸一体化下的全球产业链优化

中国作为"中心—制造区"+"制造区—外围"双层结构的连接中心，通过深化与东亚制造业集聚区和传统西方国家的产业链合作，将为我国产业升级、提升内贸活力和国际竞争力提供更广阔的空间和更多的机遇。

针对中国与东亚制造业集聚区的"制造区—外围"流通结构，优化产业链的具体思路包括:（1）大力支持我国与东亚制造业集聚区进行产业合作的企业。我国与东亚制造业集聚区已经进行的和存在潜在空间的产业合作多以传统制造产业为主，可以采取激励政策，为产业合作提供优惠措施。比如实行同等待遇，采用简便的跨地区报关、征税以及合作处理流程等手段，为企业提供优质的服务。打造制造业集聚区联盟，降低原材料供应商、零部件制造商、成品生产商、销售商等各个环节沟通成本，通过联盟内部管理提高成品的附加值，帮助企业实现区域间的资源整合和互相支持，进一步推动企业的开放与合作。（2）鼓励合作研发。合作研发产品结构趋于高价值化的新品类，加快新技术的引进和推进，打造优势产业链，并且通过技术转移、产业融合等形式，实现不同区域间的技术创新共同体建设。加强与东亚制造业集聚区的人才交流，建立更多的校企合作、流动人员项目。加强对各产业链条环节的核心技术和专业人才的培养和招聘，创新和优化现有的技术和生产模式，将传统产业升级为新型产业，提高竞争力。（3）进一步支持合作边境或跨境产业园区发展。边境或跨境产业园区是内外贸一体化的一种表现形式，在企业入驻、海关流程、税费优惠等方面依据园区的主导产业发展需要适时进行调整，加大支持力度，引导园区以产业链构建为目标走功能化、专业化道路，建立统一的、公开透明的政策环境。（4）依托"一带一路"倡议和亚洲基础设施投资银行完善东盟国家的产业基础设施。我国应积极帮助东盟国家完善道路、数据库、产业平台和物联网等基础设施，优化软硬环境，提升我国与东盟国家产业环节的对接效率，使产业链上的环节实现内外畅通，进而深化与东盟国家在传统制造业中的分工，企业通过国内国外市场联动获得"一带一路"、亚投行和 RCEP 的叠加红利。

　　针对中国与西方国家的"中心—制造区"流通结构来看，虽然西方国家制造业的全球产业链在"逆全球化"趋势下逐步向本土化回缩，但全球技术和创新链条的表现却呈现相反的现象，跨国公司越来越注重全球研发网络构建，无论是国内还是国外的跨国公司，在全球设立研发中心的投入都有加大的趋势，创新链条跨国融合加强。比如华为，在德国、瑞典、美国、印度、俄罗斯，甚至土耳其都有研究所，德国的大众等十几家跨国公司在中国也设立了研发中心。技术和创新链的全球化能够形成最强的技术整合，进而提升整个国家的技术产业水平，这无论对公司或整个国家都将带来巨大的红利。为了更好地获得附加价值最高的技术创新链的全球化带来的红利，我们需要进一步参与全球分工，并且逐步提升制定全球化的规则和秩序的话语权。积极参与和实施碳中和，参加《全面与进步跨太平洋伙伴关系协定》（CPTPP）、《数字经济伙伴关系协定》（DEPA）等各类协定，积极建设"一带一路"、RCEP、上合组织等自己有主导能力的合作体系。加深与跨国产业、跨国资本的利益往来，持续开放引进外资，继续借助外资带来技术，带来全球网络和研发能力。同时，也鼓励和推动中国资本出海，在海外整合产能和资源，加强国家间经贸往来，进一步在多个地区推行自由贸易实验区，优化自贸试验区的法治环境和政策环境，努力建成推动国际经济交往的高水平对外开放平台，争取海外的本地市场和外部技术资源，融入到全球创新链里。

二、浙江内外贸一体化发展对策

加快形成以国内大循环为主体、国内国际双循环相互促进的新发展格局，以国内大循环吸引全球资源要素，充分利用国内国际两个市场两种资源，是实现内外贸一体化的关键。浙江省可充分发挥比较优势，围绕"法律法规、监管体制、经营资质、质量标准、检验检疫、认证认可"等方面进行改革创新和先行先试，通过构建内外贸一体化"六大体系"，为促进全国内外贸一体化发展提供浙江经验。

（一）构建内外贸数字化支撑体系

1. 支持搭建智慧供应链体系

鼓励供应链上各主体开展数字化改造提升，转变业务模式、组织架构、运用流程和管理体系，加快供应链数字化转型。支持供应链核心企业搭建智慧供应链平台，促进供应链信息有效联通，实现供需高效匹配。依托税收大数据助力外贸企业拓宽内销渠道。依托"浙江税务征纳沟通平台"，向全省外贸企业线上推送"问需表"，线上问需，掌握内销难题突破点，应用"浙江税务大数据平台"，开展大数据分析，将外销商品信息与开具增值税发票的货物信息进行比对，匹配商品供需一致情况，形成供需对接清册，然后在确保商业秘密安全、供求双方均有意向的基础上，积极牵线搭桥、促成合作。

2. 积极推进跨境电商创新发展

大力培育跨境电商进口交易平台、进口展贸平台、进口供应链平台和进口促进服务平台等新平台，探索不同类型跨境电商业务混仓运营、跨境电商转口贸易等新业态，创新"保税＋"模式，培育保税仓直播销售模式。

3. 推进电商平台海外站建设

支持世界电子贸易平台（eWTP）全球化布局，鼓励速卖通、网易严选等电商平台扩大海外试点，积极在日本、韩国、东盟、中东欧等地建设海外站，支持企业在境外建设独立站，探索海外站点与国内站点数据共享、监管互认，完善国际营销服务体系。

4. 鼓励创新开展终端营销渠道建设

发挥浙江省新零售、数字生活新服务等优势，支持企业在境外建设智慧超市、智慧餐厅等新零售体验店、旗舰店，向境外输出新业态新模式。支持企业通过电商平台、直播平台等加强企业自有品牌传播。

5. 以数字化创新提升通关效率

加快"数字口岸"建设，推动海关通过创新风险防控方法，优化监管模式，加强跨境物流管控，提升监管效率。推进区域性通关便利化协作，探索开展长三角海关特殊货物检查作业一体化改革试点，完善一市三省国际贸易"单一窗口"功能。推动跨国海关协作，探索跨境数据安全有序流动。

（二）构建内外贸"三同"产品体系

1. 推动数字赋能

引导企业通过浙江"同线同标同质"平台自主申报发展"三同"产品。市场监管部门通过在"浙江质量在线""质量发展行动"中开发"三同"应用场景及驾驶舱界面，打造浙江"三同"在线服务平台；突出"企业端""服务端""监管端"，构建全国首个省级"三同"在线服务平台，面向企业和消费者开展应用场景服务，实现信息全、服务优、预警快、推广好，实现企业自主申报、中介服务推动、政府市场监管的实施模式，实现全面的"三同"产品风险监测。

并与商务部门实现多跨协同。利用"浙江质量在线",建立相关标准、质量管理、第三方评价等政策,组织专业技术综合服务机构和专家团队,为企业拓展国内国际市场提供技术服务。

2. 深化协同共促

把推动"三同"工作与内外贸一体化、"品字标"品牌建设、质量提升行动、对标达标提升行动、放心消费建设等工作结合起来,指导企业运用中国质量走出去的有益经验,提升质量管理水平,形成"全球市场、一个品牌、统一质量标准认证体系"的"三同"企业高质量发展模式。结合各地内外贸发展实际,积极梳理摸排特色产业,为持续推进"三同"工作做好准备。探索建立区域协同推广实施机制,立足区域产业特点和企业实际需求,有重点、分行业、分阶段地开展企业实施内外贸产品"三同"工作。到2025年,自主品牌产品出口比重达到15%。

3. 营造良好政策环境

将"三同"纳入各级党委和政府发展部署,有机融入当地产业发展和内外贸一体化工作,创造良好的政策协同环境。加大政策支撑力度,通过制定激励政策、加强认证结果采信、便利化融资等方式,鼓励引导企业满足"三同"要求,支撑企业内外销一体化。建议通过商务、经信、市场监管联合发文等方式,加大政策支撑和指导,形成齐抓共推的良好氛围。

4. 规范督促各方落实责任

加强对"三同"企业与产品质量的监管,督促企业落实主体责任。加强对为"三同"企业提供认证检测等服务的专业技术机构的监管工作,督促专业技术机构落实主体责任。

5. 强化打造产品高端品质

鼓励技术机构、社会团体和行业龙头企业发挥其技术优势,带动区域内整体行业发展,发挥其在标准研究方面的优势,在标准和技术方面给予一定指导,打造"三同"产品高端品质,逐步引导企业转型升级,为企业做好对标提标、品牌建设、认证认可体系建设等方面技术支撑。目前浙江省市场监管局已开发形成浙江制造、浙江农产、浙江服务三大体系。研制发布数字安防、光伏能源等产业标准体系指南 10 项，研制优于国家、行业标准要求的"浙江制造"标准 2226 项，其中相当一部分标准达到国际先进水平。今后应以扩大"同线同标同质"产品规模为抓手，构建自主品牌支撑体系，实施"浙货行天下"工程，打响"浙里造"品牌。

（三）构建内外贸一体化的标准体系

对标国际先进标准和规则，推动国内标准与国际标准有效衔接，增强浙江省在全国乃至国际标准体系中的话语权。

1. 开展标准化建设专项清查

全面摸清全省内外贸企业产品标准数量、质量、分布与状况，结合市场管理、商务、海关等相关规划，修编浙江省地方标准化体系建设规划。

2. 发挥龙头企业引领带动作用

支持龙头企业在标准空白领域探索研究先进适用的企业标准、团体标准，引导省内其他相关行业企业参照开展生产经营。

3. 加强与标准化行政主管部门、行业协会的对接

引导符合条件的企业标准、团体标准上升至地方标准，进而推广为行业标准、国家标准。以十大标志性产业链和"415"先进制造业集群为重点，对标国际先进水平，制定《质量提升行动实施方案（2021-2023 年）》，深化百个特色产业质量提升行动。新增主导制定国际标准 10 项以上、国家标准和行业标准 100 项以上，新制定国际先进、国内一流的"浙江制造"标准 500 项以上。积极创建全国质量强市（县）示范城市和质量品牌提升示范区。

4. 开展国内外标准的互认

促进国际交流合作，联合开展标准研究、互认等工作，推动出口产品生产标准和国内市场流通标准的衔接。

5. 促进内外贸顺滑切换机制建设

大力推进海关行政审批"放管服"改革，优化出入境特殊物品检疫审批工作机制，积极推进特殊物品网上审批，简化审批手续，实现特殊物品卫生检疫审批"零次跑"。基于中欧安智贸试点项目合作经验以及杭州列日之间航空货运和跨境电商业务基础，以空运安智贸计划为切入点，推动符合双边海关要求和标准的进出口企业，尝试完善 AEO 或高资信企业认定标准，将制造商、贸易商、跨境电商和国际展览商等纳入，推动实现货物监管"三智"合作。

（四）构建内外贸顺滑切换的企业运营体系

企业是内外贸一体化的实施主体，培育具有全球竞争力、内外贸并重的跨国大型企业是实现国内外市场无缝对接的关键。

1. 鼓励企业转变理念

推动企业组织架构和内部管理流程、治理体系等改革，畅通国际高端要素流动，打造全球人才蓄水池，更好适应内外两个市场顺滑切换。

2. 培育全球供应链的"链主"企业

加快企业运用现代供应链管理思维和方法转型升级，支持龙头企业搭建产业供应链平台，联合开展市场渠道建设、产品推广、原料集采等。鼓励企业通过联合、兼并等方式做大做强，完善研发服务、营销接单、物流配送、品牌推广等功能，共建现代供应链体系，提升利用两种市场、两种资源的能力，逐步形成辐射全球的营销网络。进一步推进"杭州海关 AEO 企业培育系统"，强化企业自我评估、认证标准学习、线上一对一指导等培育全流程等系统功能，实现企业认证申请"零跑腿"、材料申报"云上办"，紧密结合各地特色产业，将培育工作向重点头部企业产业链、供应链上下游辐射，精准实施"链式培育"，推动行业整体合规，一企带一链，一链促一行。

3. 鼓励流通类企业"走出去"

实施"流通企业出海计划"，支持商贸龙头企业在境外建立连锁超市、百货商场、商业综合体等中高端零售网点，探索数字化便利店、无接触式消费体验店等海外布局，建设境外优质浙货集散中心、优质商品集采中心等平台，构建全球供应链体系。

4. 鼓励制造类企业拓展自主流通渠道

支持有条件的制造类企业在境外建设工厂店、直营店、连锁店，通过跨国并购、股权投资和战略联盟等形式，融入海外营销网络体系，进一步提升品牌国际知名度与竞争力。

（五）构建内外贸融合发展的供应链生态体系

进一步发展供应链专业服务，构建供应链生态体系。

1. 构建便利化的跨境支付体系

创新跨境支付方式，鼓励支付宝、PingPong 等进一步出海发展。积极争取在浙江省设立"数字人民币 + 跨境支付"试点。

2. 优化跨境物流体系

完善跨境物流基础设施，增加货运航班航线。支持跨境物流服务企业发展，推动企业投资建设海外物流基地、海外仓等，鼓励收购境外物流企业及其相关配套设施。支持搭建大数据智能物流服务平台，整合海关、税务等资源，加快综合服务集成。

3. 加强市场化信用体系建设

完善信用信息采集、利用、查询、披露等制度，推动信用服务领域供给侧改革，推动相关部门、企业等信息共享和服务创新。探索推广使用国内信用证、开展国内交易信用保险等。

4. 强化金融服务

鼓励内外贸企业用好货币政策工具，创新发展订单融资、预付款融资等模式，加大对中小微企业的信贷支出。开展供应链金融服务，鼓励银保合作发展国内贸易信用保险保单融资，畅通企业资金链。中信保浙江分公司履行政策性职能，充分发挥出口信用保险的全产品联动作用，探索推出白名单机制下的国内贸易政策性保险。

5. 加强人才保障

鼓励企业与高校合作定向培育懂外语、熟悉国内国际营销技能的人才，支持企业自主或委托第三方开展企业职工技能培训，引进"高精尖"人才，为渠道建设、管理与运营等提供人才支撑。

6. 完善知识产权保护

以打造数字化改革引领知识产权强国建设先行省为引领，以知识产权数量多起来、结构优起来、运用活起来、形象树起来等"四个起来"为目标，加强知识产权信息分析和利用，优化知识产权布局结构。目前省市场监管局知识产权保护数字化改革工作任务已全面展开。通过全门类数据集成，全流程业务重构，全方位部门协同，跨领域、跨系统、跨层级、跨部门建设，综合集成专利、商标、著作权、地理标志、植物新品种、商业秘密、集成电路布图设计、非物质文化遗产、老字号等全门类数据 6000 余项、1.2 亿条。今后应继续完善知识产权司法保护、行政保护、仲裁调解、社会监督衔接机制。加强高价值知识产权运营平台、知识产权交易平台和知识产权大数据平台建设，推动知识产权转让、许可、资本运营高效运作，实现知识产权质押融资规模继续扩大，到 2025 年达到 1000 亿元。坚持依法平等保护中外知识产权权利人的合法权益。发挥国家海外知识产权纠纷应对指导中心浙江分中心、宁波分中心、台州分中心和义乌分中心的作用，接收所在地区企业海外纠纷应对指导申请，为企业具体应对海外知识产权纠纷提供法律咨询、法律援助、侵权调查等援助。强化引进高新技术的知识产权保护，借力世界知识产权大会等国际会议、重要国际展会、国际学术交流平台推进国际知识产权交流合作。

（六）构建内外贸一体化实施的政府治理体系

1. 推动内外贸管理体制改革

进一步梳理各政府部门的内外贸管理职责，推动内外贸管理业务融合，在反垄断、反不正当竞争、维护市场秩序、保护知识产权等方面形成合力，着力构建市场化法治化国际化营商环境。坚持各类市场主体权利平等、机会平等、规则平等，加快形成内外贸统一、法治、透明、均衡、协调的监管体制。

2. 健全内外贸法律法规体系

制定内外贸、内外资统一的维护公平竞争的法律、法规、规章、制度，促进内外贸企业公平竞争。

3. 加快政府治理体系升级

实施"最多跑一次"内外贸一体化专项行动，实现内外贸企业经营资质对接，简化外贸经营权备案流程。加快政府部门数字化改革，推动部门间数据共享，借助数字化技术提升政府管理效率。

4. 完善政策扶持

梳理现有各类支持政策，聚焦内外贸一体化龙头培育、示范建设、平台建设、示范区建设等，进一步强化政策支撑。建设完善出口品牌公共服务平台，加强优质品牌推介，拉近出口产品与消费者距离。加强典型出口企业品牌宣传，减小企业开拓国内市场阻力。

5. 构建统计监测体系

加快统计制度改革，梳理内外贸统计主体、指标体系，尽快建立内外贸一体化的统计制度体系。

6. 加强多渠道、多媒介内外贸一体化宣传工作

推介内外贸一体化示范企业、产业示范区、"三同"产品，强化社会认知，创造有利氛围。

三、内外贸一体化指标体系构建建议

为了准确把握我省内外贸一体化发展水平，需要构建一套指标体系，既可以衡量当前我省内外贸发展的基础、趋势，也可以发挥指挥棒作用，引导内外贸一体化工作精准着力，持续发挥内外贸融合对构建双循环新格局和推动经济高质量发展的作用。

（一）指标体系构建原则

1. 体现高质量

内外贸一体化指标体系的设计，要遵循质量第一、效益优先的原则，体现内外贸高质量融合发展的要求，更好地反映内外贸一体化发展程度。

2. 具有科学性

内外贸一体化指标体系的设计，要遵循科学合理的原则，体现新发展理念，从规模扩大、结构优化、效率提升、创新发展等方面进行综合评价，各项指标之间要有较为严密的逻辑关系，共同构成一个有机统一体，全面反映内外贸一体化发展水平。

3. 具有实践性

内外贸一体化指标体系的设计，要对工作推进具有指导价值，指标体系要有所侧重、有所舍弃，选择简明的关键性指标，可以在推进内外贸一体化发展的具体工作中有所体现，能够反映内外贸一体化发展的进程与成效，确保指标体系的可操作性。

4. 具有可获性

内外贸一体化指标体系的设计，要确保数据有公共性和权威性的来源渠道，即所有数据尽可能是公开、连续的，要有统一的口径和标准，要以统计数据和政府部门数据等为主，以保证评价结果的客观性。

（二）指标体系框架

衡量内外贸一体化发展程度主要涉及市场、产业、企业、产品、政策、营商环境等内容。因此，内外贸一体化发展水平的评价也主要围绕上述内容展开，具体可划分为内外贸一体化发展基础、内外贸一体化市场体系、内外贸一体化支撑体系三大一级指标，其下各自包含若干二级指标和三级指标。当前各指标主要用于分析我省内外贸一体化的现状，未来将根据形势变化，对指标进行适度调整。目前宥于现有数据的可获取性，各细分指标之间存在一定的重叠，在后续研究和实践中将继续调整以更科学合理。

1. 内外贸一体化发展基础

内外贸一体化发展基础包含内外贸一体化规模、内外贸规模两个二级指标。

（1）内外贸一体化规模

推动内外贸一体化，需要理清楚实施内外贸一体化运营的企业销售总规模，而且，提升一体化运营的市场规模，也是实施内外贸一体化的目的之一。同时，当前出口转内销是我省推动内外贸一体化的重要举措之一，因此，选取内外贸一体化企业销售额、出口转内销额、内外贸一体化产品率 3 个三级指标，从不同维度反映我省内外贸一体化运营的基础情况。

内外贸一体化企业销售额：因目前统计数据缺乏，此指标根据企业缴纳的增值税、关税等数据，大概推算同时开展内外贸的企业的销售额，基础数据由省税务局获取。

出口转内销额：主要反映外向型企业开拓国内市场的情况，数据由省商务厅"订单＋清单"系统获得。

内外贸一体化产品率：是同时适应内外贸一体化运营的产品种类的比例，此指标目前尚未有统计。

（2）内外贸规模

内外贸一体化发展的前提是坚守国际市场不动摇，也就是在多方拓展国际市场、保障出口市场规模的前提下，积极扩大进口，开拓国内市场促进内销规模不断扩大，实现国内国际市场结构更加优化，因此，要考察内外贸市场规模的增长情况。内外贸规模包含规上工业企业出口交货值及增速、规上工业企业国内销售产值及增速、进出口总额及增速、新型贸易方式出口额及增速、社会消费品零售总额及增速、限上批零商品销售额及增速、网络零售额及增速等 7 个三级指标。

规上工业企业出口交货值：工业出口交货值是工业企业本期生产、本期交给外贸经营部门或自营出口的产品价值，而外贸出口总值为本期出口的产品总值，不一定是本期生产的，也不只是本地生产，可能还包括外贸企业收购的其它地区的产品，同时不止包括工业品，还包括农产品等。因此，用出口交货值更能体现浙江制造开拓国际市场的能力。此指标由省统计局提供。

规上工业企业国内销售产值：规上工业企业国内销售产值是规上工业企业在本期生产的用于国内销售的产品价值，主要反映我省工业企业开拓国内市场的能力和支撑国内大循环的作用。此指标由省统计局提供。

进出口总值：进出口总值是实际进出我省的货物总金额，其中，出口总值指一定时期内向国外出口的商品的全部价值，进口总值是以货币表示的一定时期内一国从国外进口的商品的总金额。此指标主要反映我省国际大循环运行情况，展现浙江企业拓展国际市场的能力和浙江作为双循环战略枢纽的中转能力。此指标由省统计局提供。

新型贸易方式出口额：跨境电商、市场采购等新型贸易方式出口额，反映新型贸易方式发展情况。此指标由省统计局提供。

社会消费品零售总额：是指企业（单位）通过交易售给个人、社会集团，非生产、非经营用的实物商品金额，以及提供餐饮服务所取得的收入金额。社会消费品零售总额是现行统计制度下，表现消费需求最直接的数据。此指标由省统计局提供。

限上批零商品销售总额：指限上企业对本企业以外的单位和个人出售（包括对国（境）外直接出口）的商品（包括售给本单位消费用的商品）的商品金额。此指标反映限额以上批发零售贸易企业在国内市场上销售商品以及出口商品的总量，表明省内市场供给端的活跃程度和构建国内大循环战略支点的能力。此指标由省统计局提供。

网络零售额：此指标反映我省电商企业开拓市场情况。此指标由省商务厅提供。

2. 内外贸一体化市场体系

内外贸一体化市场体系包含市场主体、产品体系、标准体系、生态体系 4 个二级指标，反映内外贸一体化的市场情况。

（1）市场主体

市场主体是内外贸一体化的具体承担者，培养具有跨国经营能力的浙江本土企业，是内外贸能否实现一体化的关键。市场主体指标包含内外贸一体化企业数量、出口转内销企业数量、"品字标"企业数量、500强企业数量、"三同"企业数量、AEO认证企业数量、规模以上电商平台数量、海外建电商平台数量8个三级指标。

内外贸一体化企业数量：即我省企业中同时开展内、外贸的企业数量，因统计所限，用税务数据中既有出口退税数据又有国内营业税、增值税等纳税数据的企业数量代替，数据从省税务局等部门获取，如数量增多则显示我省内外贸一体化运营的市场环境改善、企业国际竞争力增强。相关基础数据由省税务局提供。

出口转内销企业数量：主要反映出口转内销开展情况，用外向型企业中已开展国内市场营销的企业数量表示，从省商务厅"订单＋清单"系统获取调查数据。

"品字标"企业数量："品字标"是代表浙江制造业先进性的区域品牌形象标识，是浙江制造业的"标杆"和"领导者"，是高品质高水平的"代名词"。品字标企业的培育，既是我省经济高质量发展的要求，也是国内外居民消费不断升级的要求，未来品字标企业将更多承担开拓内外市场的重任。此指标数据由省市场监管局提供。

"三同"企业数量：经过多年推动，"三同"已上升为一项国家工程，被列入"十四五"规划纲要和2035年远景目标纲要，"三同"企业数量也能较好展示我省企业适应内外市场的能力。此指标数据由省市场监管局提供。

AEO认证企业数量：AEO制度是世界海关组织（WCO）倡导的通过海关对信用状况、守法程度和安全水平较高的企业实施认证，对通过认证的企业给予优惠通关便利的一项制度，AEO证书是国际贸易绿色通行证。在我国国内，AEO企业可享有较低查验率、优先办理通关手续、税收担保优惠、设立协调员、国家有关部门联合激励等便利。因此，AEO企业数量也能较好展示我省企业开拓国际市场的能力。此指标数据由杭州海关提供。

规模以上电商平台数量：我省数字经济优势明显，电商平台是企业开拓国内外市场的重要渠道，因此电商平台的数量也能较好展现我省企业内外贸市场拓展能力。此指标数据由省商务厅提供。

海外建电商平台数量：在海外建设电商平台可以突破区域物理分割，将是我省企业拓展国际市场的重要渠道，包括独立站、分站等。此指标数据由省商务厅提供。

浙江 500 强企业数量：世界和中国 500 强企业均能较好展示我省企业的实力和竞争力，而且基本上 500 强企业也都是跨境跨国经营企业。用《财富》等排行榜数据。

（2）产品体系

产品体系指标包含"三同"产品认定数、"三同"企业销售额及增速、区域公共品牌数量、马德里商标国际注册量、PCT 国际申请量、自主品牌产品出口额、关键产品国产替代率 7 个三级指标。国家"十四五"规划纲要中明确提出，要推进"同线同标同质"，"三同"产品认定和销售情况能较好展示浙江制造产品的品质和竞争力。此三个指标均由市场监管部门提供。

"三同"产品认定数：一段时间内，经市场监管等部门认定和企业自我声明按照"三同"标准生产的产品数量。此指标由省市场监管局提供。

"三同"企业销售额：即"三同"产品在国内市场的销售额，反映"三同"产品开拓国内市场情况。此指标由省市场监管局提供。

区域公共品牌数量："品字标浙江制造"等区域公共品牌是高标准、高品质浙江制造的代名词，反映浙江产品的品牌力等。此指标由省市场监管局提供。

马德里商标国际申请量：对于有一定品牌和经营基础的外向型公司，特别是海外市场比较广大的企业而言，其产品出口国家众多，可能需要通过注册马德里商标同时获得几十个国家的商标使用许可，因此，马德里商标国际注册量可以一定程度反映企业内外市场运营实力。浙江省质量强省标准强省品牌强省建设"十四五"规划中也将此指标纳入。此指标由省市场监管局提供。

PCT 国际申请量：即通过世界知识产权组织《专利合作条约》（PCT）途径提交专利申请数量，主要反映我省产品的原创能力和开拓国际市场的能力。

此指标由省市场监管局提供。

关键产品国产替代率：参照《国家支持发展的重大技术装备和产品目录》《重大技术装备和产品进口关键零部件、原材料商品目录》等文件，根据我省重点产品和产业情况，列明我省关键产品种类目录，分析其中有多少种类目前可以国产替代、哪些类别完全依赖进口等。此指标由省科技厅提供。

自主品牌产品出口额：自主品牌出口额占出口总额的比重，由省市场监管局提供（根据浙江省质量强省标准强省品牌强省建设"十四五"规划），主要反映浙江制造高质量发展情况。此指标由杭州海关提供。

（3）标准体系

"浙江制造"标准体系整体体现浙江制造"好企业"和"好产品"的竞争力，是"浙江制造"的重要内容。标准体系包含浙江制造标准数量、主导和参与制修订国际标准数量2个三级指标。此两个指标均由省市场监管局提供。

浙江制造标准数量：标准代表规则话语权和产业竞争制高点，在推动产业和市场主体高质量发展方面有着不可替代的作用。

主导和参与制修订国际标准数量：浙江省质量强省标准强省品牌强省建设"十四五"规划有此指标。

（4）生态体系

内外贸生态体系主要是反映企业开展内外贸一体化运营的营商环境好坏及便捷程度等，包含营商环境指数、批零业连锁经营情况、海外仓数量及面积、境外营销网络数、平均回款速度、中小企业贷款余额、服务内外贸一体化的金融工具数量7个三级指标。内外贸生态的好坏，直接影响企业开展内外贸一体化的积极性。

营商环境指数：营商环境是综合反映地区经济社会生态的指标，良好的营商环境是建设现代化经济体系、促进高质量发展的重要基础。此指标根据2019年11月浙江省发展和改革委员会印发的《浙江省营商环境评价实施方案（试行）》进行评价。

批零业连锁经营情况：连锁企业运营效率较高，是各类企业拓展内外市场的重要渠道之一，用连锁企业销售额占总销售的比重，反映连锁发展情况。此指标由省统计局提供。

海外仓数量及面积：反映浙江企业在境外服务我省企业开拓国际市场的能力。此指标由省商务厅提供。

境外营销网络数：即我省企业在国外投资建设的营销网络数量，反映我省企业开拓国际市场的能力。此指标由省商务厅提供。

上市企业平均回款速度：即平均账期或应收账款周转天数，是指企业从取得应收账款权利到收回款项的时间，时间越短，说明流动资金使用效率越高，市场信用环境情况，因数据所限，拟用A股上市的浙江省制造业企业数据代替。此指标由人民银行等提供。

中小企业贷款余额：即中小企业获得的金融支持力度，用于反映中小企业面临的市场环境好坏。此指标由人行等提供。

服务内外贸一体化的金融工具数量：反映保险、金融等部门对内外贸一体化的支持程度。此指标由人行等提供。

3. 内外贸一体化支撑体系

内外贸一体化支撑体系主要反映政府部门支持内外贸一体化运营的政策体系和公共服务等。主要用于引导地市积极推动内外贸一体化工作，相关指标数据由省大数据局、地方政府部门等提供。

（1）政策体系

政策体系包含支持内外贸一体化发展的专项政策数量、支持内外贸一体化发展的创新场景应用数量2个三级指标。

支持内外贸一体化发展的专项政策数量：围绕内外贸一体化工作，出台的相关针对性的政策数量。

支持内外贸一体化发展的创新场景应用数量：利用数字化技术和手段拓展的内外贸一体化创新应用场景。

（2）公共服务

公共服务包含政府公共服务满意度、省级和国家级媒体内外贸一体化宣传推广次数、内外贸一体化企业培训场次以及内外贸展会、对接会、论坛等举办场次4个三级指标。主要反映政府部门在推动内外贸一体化方面开展的公共服务情况及成效等。

政府公共服务满意度：企业、民众对政府提供的公共服务的综合满意度，包括最多跑一次、数字化改革、掌上办事等。此指标由省大数据局提供。

省级、国家级媒体内外贸一体化宣传推广次数：省级和国家级媒体对地方内外贸一体化扶持政策、企业案例、应用场景、实施经验等的报道次数。

内外贸一体化企业培训场次：政府部门为实施内外贸一体化开展的相关政策培训、宣贯等次数。

内外贸展会、对接会、论坛等举办场次：政府部门为实施内外贸一体化组织开展的展会、内外贸对接会、相关论坛等次数。

表 5-1　内外贸一体化指标体系

一级指标	二级指标	三级指标	数据来源
内外贸一体 化发展基础	内外贸一体 化规模	内外贸一体化企业销售额	省税务局
		出口转内销额	省商务厅
		内外贸一体化产品率	省统计局
	内外贸规模	规上工业企业出口交货值及增速	省统计局
		规上工业企业国内销售产值及增速	省统计局
		进、出口总额及增速	省统计局
		新型贸易方式（跨境电商、市场采购）出口 额及增速	省统计局
		社会消费品零售总额及增速	省统计局
		限上批零商品销售额及增速	省统计局
		网络零售额及增速	省商务厅
内外贸一体 化市场体系	市场主体	内外贸一体化企业数量	省税务局
		出口转内销企业数量	省商务厅
		"三同"企业数量	省市场监管局
		AEO 认证企业数量	杭州海关
		"品字标"企业数量	省市场监管局
		* 规模以上电商平台数量	省商务厅
		海外建电商平台数量	省商务厅
		中国 500 强、世界 500 强中的浙江企业数量	《财富》等榜单
	产品体系	"三同"产品认定数	省市场监管局
		"三同"企业国内销售额及增速	省市场监管局
		区域公共品牌数量	省市场监管局
		马德里商标国际申请量	省市场监管局
		PCT 国际申请量	省市场监管局
		自主品牌出口额及占比	杭州海关
		关键产品国产替代率	省科技厅
	标准体系	浙江制造标准数量	省市场监管局
		主导和参与制修订国际标准数量	省市场监管局
	生态体系	营商环境指数	省发改委
		批零业连锁经营情况	省统计局
		海外仓数量及面积	省商务厅
		境外营销网络数	省商务厅
		上市企业平均回款速度	金融监管部门
		中小企业贷款余额	人民银行杭州支行
		服务内外贸一体化的金融工具数量	金融监管部门、人 行、信保

续表

一级指标	二级指标	三级指标	数据来源
内外贸一体化支撑体系	政策体系	支持内外贸一体化发展的专项政策数量	各相关部门
		支持内外贸一体化发展的创新场景应用数量	各相关部门
	公共服务	政府公共服务满意度	省大数据发展管理局
		省级、国家级媒体内外贸一体化宣传推广次数	–
		内外贸一体化企业培训场次	–
		内外贸展会、对接会、论坛等举办场次	–

本章参考文献：

[1] 刘志彪，孔令池.从分割走向整合：推进国内统一大市场建设的阻力与对策 [J].中国工业经济，2021（08）

[2] 王娟娟.RCEP与我国双循环新发展格局下的产业链优化 [J].中国流通经济，2022（04）

[3] 刘志彪.建设国内统一大市场：影响因素与政策选择 [J].学术月刊，2021（09）

[4] 吴培新.建设全国统一大市场的内在逻辑和推进策略 [J].金融博览，2022（10）

[5] 习近平.正确认识和把握中长期经济社会发展重大问题 [J].求知，2021（02）

[6] 王公龙.构建人类命运共同体：引领新型经济全球化的中国方案 [J].上海行政学院学报，2021（09）